二次過渡

香港 2020 政局反思：危機與前路

U0062059

張炳良

著

中華書局

本書獻給不同世代、

不同崗位、

不同政見、

但皆熱愛香港、

曾為香港回歸中國及其命運福祉努力的

香港與內地人士。

目錄

序言 │ 歷史轉捩點

　　2019 年起，香港經歷了九七回歸以來至為動盪、甚至可說驚心動魄的歲月。2020 年，政治局面未見突破，且因國際政治（特別是美國）的反應和介入，北京加強了對特區的全面管治力度，全國人大常委會於 6 月底通過《港區國家安全法》，在全球近年急變的地緣政治下連環發酵，為香港的未來增添新變數。2021 年 3 月 11 日，全國人民代表大會通過決定，修改香港特區的選舉制度，強調要完善制度、堵塞漏洞，並設立資格審查機制，確保「愛國者治港」，對特區政治的發展影響深遠。

　　本書最後停筆於此刻，但為何書名仍以「香港 2020 政局反思」為題，除因書中內容和分析主要以直至 2020 年底的情況為基礎外，乃考慮到港區國安法是香港的關鍵性轉捩點，從此進入「後國安法」年代，所以 2020 年才是政局真正的分水嶺，各方勢力開始重組，「一國兩制」的未來也須重新思考。實施港區國安法及通過新選舉制度後，社會上反應兩極：有渴求撥亂返正、把「反中亂港」者摒除出局，喜迎「二次回歸」，從此愛國者治港；也有悲憂「一國兩制終結」，促成新一輪的政治移民潮。

　　樂觀與悲觀，既視乎對中國內地發展和內地制度的取向，也因受持續兩年的本地政治折騰而產生的不同感受，以及愈來愈主宰着港人心情和意識的黃藍「顏色價值觀」所決定。兩極雖對立，但反映同一現實，即自回歸以來實踐的「一國兩制」正處於歷史轉折的關鍵時刻。舊有設想和假設似被新形勢、新情緒所拋棄，無以為繼，但「一國兩制」仍是香港未來的唯一選項，其前路又可如何邁進？香港還可有第二次歷史的機會嗎？

　　表面上，一切源自「反修例」運動，或泛民主派和異見者論述形容的「反送中」抗爭。當特區政府於 2019 年 2 月提出修訂《逃犯條例》及相關法例時，相信無論政府官員或一般人皆不會意料，修例竟會一石激起千重浪，甚至早期對法案持質疑立場的泛民主派政黨以至部分法律界人士（如大律師公會），也曾以為反對修例、迫使政府作些讓步，最後法案仍會在立法會佔多數的建制派議員支持下得以通過，就如當時個別政府官員常引用的高鐵「一地兩檢」立法般順利（其實兩者本質不一，不應相提並論）。

　　現實卻是，反對修例的社會聲音愈來愈大。至當年 5 月，中央官員已表了態，明確支持修例，似乎事情應就此定下來，這是我當時跟一些建制中人接觸時得到的印象。但情況卻相反，反對浪潮愈滾愈烈，蔓延到不同界別和階層；我心感不妙，也向一些內地朋友反映，並提醒一些行政會議成員，不要低估今次反修例的政治震盪。6 月 9 日（星期日）香港民間人權陣線（民陣）發起反修例遊行，聲稱有 103 萬人參與（警方估計高峰時有 24 萬人），比 2003 年反《基本法》第 23 條國家安全立法的人數多出很多。

　　群情洶湧起來，預兆一場巨大的政治風暴正在集結，會否變成超強颱風，猶看政府怎樣處理危機。但政府發言人當晚迫不及

待地回應説，修例仍依計劃恢復二讀辯論，予人不理龐大民情之感，遂引來大批激進的反修例抗爭者於 6 月 12 日（星期三）包圍立法會大樓，試圖阻止建制派議員入內舉行會議迅速通過修例法案，並與警察發生嚴重武力衝突。抗爭者及泛民主派指控警察濫用暴力，本地及國際輿論也強烈反應，網上聲音一面倒地批評「警暴」。

在這回歸以來至為震撼香港的一個星期，我身在海外，但心繫香港，透過媒體及臉書知悉事態的發展，感到很痛心。6 月 15 日（星期六）下午我回港當天，趕及看到林鄭月娥特首終於宣佈無限期押後修例二讀的直播，實際上就是擱置了。但是局面不見得就可以這樣解決，因為經歷了此次修例爭議及由此全面發酵的民情，特別是年輕一代的發聲，香港已回不到過去。

自從 2017 年 7 月政府換屆離任局長後，我一直維持不評論現屆政府工作的立場。因曾身處管治核心的「熱廚房」，我完全明白今時今日政府施政之難、管治之複雜，亦對眾多每天忠誠工作、服務市民的公務人員心存感激。因此離任後我不會隨意指點政府裏的前同事，添煩添亂，且不在其位，難謀其政。可是 2019 年中的香港，正處於水深火熱之中，整個政府陷於四面楚歌，公信力和公權力遭到嚴重挑戰，我不能不打破緘默，遂透過《信報》安排，發表了我落任後首篇〈對時局的反思〉（6 月 17 日），是為我接續公開不定期地評論政局發展之始。[1] 但我仍堅持不當時事評論員，經常婉拒一些本地和海外媒體訪問，若偶而接受專訪，則主要針對關鍵大事。

1　張炳良：〈對時局的反思〉，《信報》，香港，2019 年 6 月 17 日。

　　我不否定修例在移交逃犯和司法互助上的需要和理據，但認為政府顯然錯估形勢。無論其背後考慮及法律觀點如何，現實上就是很多人都不明所以然，若在社會各界廣泛存在各種大大小小的質疑下，政府不顧一切但求迅速通過修例，只會加深人們的陰謀理論，認為背後定必有不可告人的政治企圖。政府說很多人誤解修例建議，若此更不能在社會上不明不白下就通過修例，何況今次罕有地兩大律師團體及無數資深法律界人士，均對修例存疑以至持否定態度，若政府不能說服法律界，又怎能期望一般民眾接受呢？因此擱置修例是必要的，此乃一個按《基本法》須向特區負責的政府應有之義。

　　但是，冰封三尺非一日之寒。修例爭議只是社會累積多年深層次矛盾的爆發點，事態發展已經超越黨派之間的日常政治角力與動員，或所謂「黃絲」「藍絲」陣營之爭了。除了6月9日、16日兩個星期日以起碼數十萬至百萬計市民（主辦單位說分別超過100萬及近200萬）蜂擁上街遊行抗議外，更有愈來愈多年輕人走出來進行形形色色的抗爭，不同社群發動癱瘓性行動，在在顯示普羅大眾、社會各界都躁動起來，對政府的信任陷入前所未見的低谷。

　　站在前線維持秩序的警務人員，處於不斷擴大的抗爭行動的風眼，承受了沉重的政治壓力，而這些壓力本應由我們的政治領袖（政府領導層、政黨領袖及立法會議員）去承擔和化解，這屬他們的本份。可是後來演變成為持續的警民對壘衝突、暴力上升，釀成本應可以避免的悲劇。政治領袖們有責任溝通各方，不讓種種矛盾進一步激化，把結愈拉愈緊、愈拉愈死。本來劍拔弩張下，無論情緒如何激動，各方仍須審時度勢，不因一時之急、

一念之差，而令香港陷入無法自拔的死局；政府尤須朝着和解、負責的方向去善後補救。可惜事與願違。

我願意相信大部分示威抗議的青年學生是出於焦躁、憤怒和恐懼而自發行動，但也受到政治人物和網上的激烈言論所鼓動。他們關心香港的未來，因為這就是最終由他們這一代去面對的未來，他們害怕失去其心中的香港制度和核心價值，卻苦無方法及出路（除了上街呼喊及一些自我行動），因為我們管治體制的缺陷，難以在高度自治下透過合理的政治制度和機制去解決重大分歧，尋求主流共識。「撤回」修例不表示事過境遷，以為風暴之後，一切便「自然」地回復正常，因為經歷了因修例所全面引爆的政治風暴後，民心已變，暴露出來的深層次體制性矛盾，對香港如何走下去影響深遠。

2019 年是香港的重要轉捩點。

我的一代不少受到五十年前「保釣」反殖運動所政治啟蒙，今天不少新生代的政治啟蒙卻始於 2014 年的「佔中」及「傘運」，再受今次反修例抗爭的洗禮。他們不認同政府的解釋、不願意疑中留情，因為他們不相信目前的政治制度、不信任其所產生的政府，以至不信任政黨及建制團體。經過此役，日後管治只會更困難，故以為只要搞好經濟民生便可走出困局，只屬「鴕鳥」心態，回歸二十多年的惡性循環只會愈滾愈烈。「一國兩制」也面臨嚴重衝擊，反修例抗爭在政治表述上矛頭指向內地體制（所謂「反送中」）。事態在之後的激進化暴力發展，以及日趨上升的排斥內地甚至否定中國的情緒，說明抗爭風暴已經質變。

反修例事件及其後演變，帶出幾個值得關注和反思的重要現象。

首先，民心思變，尤其是新、中世代對現有體制的疏離感日

甚，不少選擇了與之對立的定位，視為「雞蛋對抗高牆」，以維護其心中的公義和保衛其心中的香港價值。當然，反政府、反體制的不是社會的全部，與之對衡也有另一邊的聲音和力量，而且政治動員必有種種雜質及多元動機。但從 2019 年幾次大遊行之龐大規模、向公權力衝擊行動之頻仍，以及愈來愈多年輕人自發動員，可以清楚看到，挑戰以至否定建制的力量不容忽視。2019 年 11 月區議會選舉，泛民主派及自決派所謂年輕「政治素人」囊括大多數議席，說明本土政治板塊之重大移動。若不肯承認此現實，加以深究，了解因由，就不可能對症下藥、解決問題。

第二，「大小精靈已從瓶中釋放出來」，返回不了過去。網絡時代民間抗爭模式已經登場。一項引起市民不安不滿的修例爭議，本來不應就此演變成為管治亂局、死局。但修例觸發了不少港人累積多年對內地制度的偏見、對「兩制」關係的不信任，以至人人都從最壞、至極端之處，去想像修例的影響和終極含義，加以政府解說乏力，擺出不顧一切強行通過之勢，遂使一總矛盾全面發酵，一發不可收拾。年輕一代，包括大、中學生，經歷了自 2014 年起違法的「佔中」、「傘運」的政治挑動及其後的低氣壓，一方面有感於那些「抗爭」改變不了政治現實和體制，但是另一方面又要以其本世代的論述與前衛性行動，去衝擊體制及挑戰歷史的局限。

第三，年輕人及少數人的激進化，也會影響同情他們理念和行動的其他人，一同激進化。荷蘭社會心理學者 Kees van den Bos 在《為何人們會激進化》（*Why People Radicalize*）一書中提出，當受公共權力和制度不公對待及剝奪之感持續累積，反感愈大會愈強化一種道德力量，去採取一切行動保衛視為應有的公義和價

值。[2] 關鍵就是「公平」問題 —— 制度上、施政上、處事上。他主張公權機構以「軟答案回應硬問題」（soft solutions for a hard problem），還公民與不同異見者予尊重與尊嚴，廣聽各方，跟進其關注的問題。香港的抗爭者常說「若水」（Be Water），其實當政者也應「若水」處理，若只是以武對武，客觀上助長社會進一步激進化，無奈香港自 2019 年下半年卻的確走上此途。

第四，撕裂與仇恨加深。從 2019 年 6 月包圍立法會、包圍警察總部及個別政府部門的衝擊權力機關和不合作行動，以至「七一」當天衝擊及佔領立法會大樓、塗污特區立法機關權威象徵、展示港英殖民地旗幟等舉動去看，一些年輕激進抗爭者的行動，已非純屬抗議已經「死亡」的修例法案，也不止於所謂不滿林鄭月娥特首對民眾訴求缺乏「全面真誠的回應」，而是去到否定特區憲政秩序的地步，處處展現「癱瘓政府」的符號主義（symbolism）。套用當時一位專欄作者所說，年輕人眼中香港未來是個謎，所以他們只能行動在當下，但求遍地開花。另邊廂，反黃的藍營及反對抗爭暴力化（「黑暴」）的民眾，也動員起來。7‧21 元朗事件後，警察被泛民主派和黃營定性為敵對的鎮壓力量（「警暴」、「黑警」），黃對藍、「黑暴」對「黑警」的鬥爭論述，籠罩整個社會，各行各業甚至公務員和專業人士之中，也以顏色定位，且延及經濟及消費領域（所謂「黃色經濟圈」、黃店對藍店），撕裂與仇恨之深前所未見。香港已不復一個平和及講求理性兼容（agree to disagree）的社會。泛民主派支持者常標榜的「和理非」（和平、理性、非暴力）已靠邊站。

2　Kees van den Bos, *Why People Radicalize*, London: Oxford University Press, 2018.

　　第五，和解對話之路走不了出來。年輕抗爭者的激進舉動和激情，不單令全社會矚目，也吸引了全球各地的眼球和想像力，一時之間他們變成牽動事態發展的真正推手和「歷史主角」，甚至影響他地的社運模式，如 2020 年泰國的反政府抗爭。本來不認同如此脫軌衝擊的一些「成年」抗爭者、公民社會及泛民主派人士，紛紛調整思想：「因為絕望，所以……」，客觀上也等於宣佈了「和理非」路線的不濟甚至死亡。這的確是他們自己的結論嗎？這個轉變，影響了中央政府和特區政府對於事態嚴重性的評估。2019 年 7 月起，北京全面以「止暴制亂」及反對「港獨」和任何分離主義為綱，重整對港管治方針，而特區政府愈發依賴以警察去鎮暴和控制亂局。和解對話之路雖曾一度有點曙光，但始終走不了出來。

　　第六，當下香港，新世代的怨氣和憤怒，源於難以認同一個他們視為不公平、只傾斜於一邊的體制。社會經濟問題如房屋、就業及社會流動停滯，肯定是造成年輕一代看不到前景、容易激進化的部分因素，但是解決深層矛盾已不僅是改善他們的生活這麼簡單，因為他們持有的公義感及社會核心價值是既有體制未能足以反映。而他們害怕失去的「香港」特色，也不是一些冷酷的「你們怕什麼？」或「應走出香港，到大灣區去闖」般的言詞便可疏解得了。他們當中固然有擔心學業、事業甚至置業無望的問題，但是往深一層就算有了這「三業」，若他們認為失去心中仍可引以為傲的香港、失去了其所追求（也是官方及教育論述和上一輩予其願景）的自由自主性時，則物質滿足又如何。當年輕一代感到體制是由他人主宰、城市空間（包括交通甚至購物）愈來愈為外人進佔時，其「保衞我城」便不只屬於單維的本土政治了。

　　最後，政府管治表現，關乎制度、能力、判斷和領導質素，

最終離不開體制問題。回歸近四分之一世紀了，難道我們還看不到惡性循環、社會內耗的種種惡果嗎？當然，改革不易，但這不是不去改革的理由。內地在文革後，鄧小平曾說：「⋯⋯制度不好可以使好人無法充分做好事，甚至會走向反面⋯⋯」；美國前副總統戈爾在九十年代推行「政府再造」（Reinventing Government）運動時，也曾說過：聯邦政府充滿被壞制度所困的好人。兩者道理相若。

由反修例運動演變為後來的全面政治對抗、街頭暴力、社會黃藍撕裂、仇恨文化蔓延至日常生活，當中既有政府處理危機失當的因素，致一指錯滿盤皆落索，也因九七回歸以來社會深層次矛盾所累積政治張力的總爆發，更有全球新地緣政治的衝擊（如美中衝突）。偶然加上必然因素，做成今天政治上覆水難收。港區國安法實施後，社會表面上雖然較 2019 年時平靜，但掩蓋不了深層的焦躁、不安與無奈無助感。面對當前複雜及其來有因（即有其「路徑依賴」）的局面，可以如何解困突破呢？我並無即時見效的靈藥，但我知道，悲情只會滋長宿命感，仇視只會助長撕裂，敵對不能帶來信任，缺乏互信就難推動改革。要去再度出發，前提是準確研判當前局勢及深層次矛盾的成因，並能跳出過往的思考框架去探索其所以然。

在此關鍵時刻，面臨內外嚴峻挑戰，最大的風險是來自認知上和行動上與現實及其背後結構因素之間的落差。特區管治體制已明顯與時脫節，非改革不可，不能再諱疾忌醫。如何防止傷患惡化擴散，如何部署有利於改轅易轍式改革的條件，能否對症下藥，卻事關重大，欲速不達。香港的管治更關乎「一國兩制」在回歸後二十一世紀國內新秩序及國際新形勢下的實踐問題。無論

中央層面，或特區內政府及社會各界與政治光譜各方，是否都掌握到「一國兩制」應有的靈活性、兼容性、模糊性和創造性，正確看待香港之「異數」？如何促使「兩制」回復基本的互信，香港和內地都要深思與學習。怎樣的香港才可在國家發展和國際大局中扮演關鍵角色，好讓港人尤其年輕一代足以自豪，重拾自信與希望，得以由回歸以來的內向、失落、悲情思維中逐步走出來？

　　「二次回歸論」者指九七回歸，雖然體現了領土和主權的回歸（國家官方表述是 1997 年恢復行使對香港的主權），可是人心尚未回歸，如今有了港區國安法和新選舉制度，強化國家意識，確保愛國者治港，從而由亂趨治，好讓人心歸向。香港的確進入了新時期，但實事求是看，社會及政治深層次矛盾依舊存在，人心鬱結未解。要解結贏回民心，有賴對策得宜、主政者視野廣闊，又需自由兼容、求同存異的社會氛圍，這要求很大的努力和遠見。2020 年的香港，與 1997 年比較，隔了一個世代，社會環境、民情和全球局勢都已大為不同，國家也蛻變了不少，不可同日而語。「一國兩制」不能停留於九七前的設定，但也不會凝固於當今，未來仍會迎着種種挑戰前行，順逆變數或不比過去少，切忌一廂情願、單維認知。現代治理，有若「園藝」（gardening），需細心栽培，古訓言「治國如烹小鮮」，治港也一樣。人心回歸須基於良政善治及官民重建互信，此仍乃長路，非一蹴而就。故我以「二次過渡」識別當前關鍵時刻，視之為回歸後再攀新峰之始，本書也就以此命名。

　　當下香港，在此「二次過渡」之關口，究竟是處於最壞的時代，還是最好的時代（借用英國大文豪狄更斯〔Charles Dickens〕在其名著《雙城記》的開卷語），視乎我們的領袖及民眾何去何從。一些身邊的朋友憂「香港已死」，這是何等悲情的申訴！我認

為絕大多數港人（縱使當中政見不同），仍是和平理性、熱愛這個歷史異數的城市的，他們不肯認輸，他們既害怕、焦慮，但也十分堅強。是這樣堅強不認輸的力量，一直在各種困難和逆境中支撐着香港不斷前進。我那一代（五十後）的港人，見證了香港的現代化成長，成為舉世知名的自由法治之都，我們不會讓香港倒退。我不希望年輕人只因心感絕望而抗爭，或追求虛妄而迷失方向。為何不可以為希望而創造力量？如何締造希望，是香港朝野內外、跨政治光譜的所有領袖皆應致力之要務，也需要中央政府的支持。新時代要求新思維、新出路；窮則變，現在是求變順變的關鍵時刻。能逾越此關，「一國兩制」可找到新台階；過不了此關，「香港」的萎縮會成為自我應驗的預言。

我在學生時代屬於思想前衛的活躍份子，曾積極參與學運和社運，打從上世紀八十年代便涉足香港九七前途及回歸祖國的討論和行動（包括起草《基本法》時的辯論），對「一國兩制」和《基本法》的制訂有所理解和期盼，亦明白歷史契機和制度局限交集下特區之旅的不尋常。當我身邊不少朋友（包括曾並肩作戰的早期民主派）紛紛轉向悲觀無奈，我仍不肯認命放棄。我一直在民間與建制、議會與政府、學術與政治之間來回游走，深明事物之變，不盡必然，但也非毫無可為。極端樂觀或極端悲觀、虛妄想像或向現實低頭，皆非我杯中茶。

撰寫本書時，我疏理了過去近兩年來所發表評析時局文章的觀點，作系統化討論，希望為香港處於當前歷史轉捩點，留下思想足印和時代見證。一代人做一代事，世界最終是屬於新一代的，就讓他們踏着前人的經驗和走出來的路徑，再闖新天。

作為對香港的政治反思，本書第一部分共三章，從 2019 年修

例説起，先講述移交疑犯逃犯的國際一般做法和基本準則，以及特區政府原本修例的緣由和範圍，當中的複雜性和爭議性所在，然後分析為何修例竟釀成一場政治風暴，繼而探討為何一次危機，因處理失當、落後於形勢而演變成政治災難，令社會以至國家付出沉重代價。

第二部分進入對特區管治的多方面剖析，分為四章：特區管治的根本結構性難題與缺陷；「一國兩制」下的不自在與張力；新世代的失落與焦躁；以及新冷戰與國家安全衝擊下香港被北京視作國安短板等最新課題。

第三部分共兩章，探索香港及「一國兩制」的前路，針對當前一些本地和海外評論擔心「香港不再香港」，檢視香港的強弱機危，提出如何保持香港的特色，並思考可怎樣亂後重建。最終的結語章綜述回歸歷程，如何面對 2047 的所謂「一國兩制」大限，究竟是歷史的終結還是見證「一國兩制」持續化的新里程碑。這既要看國家長遠的發展，也視乎香港能否發揮「國家所需，香港所長」的作用，以及其制度和軟力量是否仍為世界所重視。

本書得以出版，全賴中華書局（香港）有限公司黎耀強副總編輯的鼓勵，及其團隊的支持。在撰寫過程中，香港教育大學香港研究學院曾提供一些資料蒐集的協助。另外特別感謝，香港《信報》和《明報》慷慨同意我在書中使用我曾在兩報發表的一些文章的內容和觀點。[3]

張炳良

2021 年 3 月 31 日

3　文章列於本書附錄二。

第一部分　危機

第 *1* 章 │ 為何修例

　　香港 2019 年以來的政局躁動、急速惡化，導致社會嚴重撕裂，中央終於決定由全國人大常委會為香港訂立國家安全法，由此又引來國際社會強烈反應、美國及其盟友實施制裁打擊措施，一切最初源自反修例運動，後演變成為全面與政府對抗的政治抗爭。修例乃指對《逃犯條例》（香港法例第 503 章）（Fugitive Offenders Ordinance, Cap. 503, Laws of Hong Kong）和《刑事事宜相互法律協助條例》（第 525 章）（Mutual Legal Assistance in Criminal Matters Ordinance, Cap. 525）的修訂，體現為特區政府於 2019 年初提出的《2019 年逃犯及刑事事宜相互法律協助法例（修訂）條例草案》（下稱「法案」）。

　　為何一項法案竟會釀成一場「完美風暴」（perfect storm）（借用全國人大常委會香港基本法委員會港方委員、香港大學法律學院陳弘毅教授之形容詞，意指一切糟糕的情況同時出現、不能更壞），又為何這場修例風暴最後做成一次香港前所未見的嚴重管治危機及政治災難？本章先講述修例背景，以下兩章分別作出剖析。

移交逃犯乃國際常見做法

　　犯罪便應受到法律制裁和依法懲處，這是人類社會恆久以求的一個定律。若犯者從犯事地所在之國逃往他國，以迴避制裁，跨國刑事法理一般要求他國遣返犯者至原來犯罪地，接受起訴及審訊。為了彰顯公義，避免出現司法管轄漏洞，國際公法對嚴重國際罪行亦存在所謂 *aut dedere aut judicare* 原則，此拉丁文是英文 "either extradite or persecute"（「或引渡或起訴」）之意，指對於國際公認的罪行，締約國要麼將罪犯引渡到提出請求的國家，要麼在不予引渡的情況下，對罪犯依照本國法律進行起訴，不能讓犯罪者逍遙法外。

　　不同國家、不同司法管轄區，可透過長期性協議甚或臨時性安排，在特定條件下進行互相移交逃犯疑犯。國與國之間透過雙邊條約協定的移交，英文一般稱為 extradition，但也有稱為 rendition，尤其指法律規定下次國家級（subnational）司法管轄區之間的移交。國際間達成移交協議，門檻頗高，故不普遍。而且，在缺乏長期協定下，甚或儘管存在一定引渡安排，兩國之間經常會就移交個別逃犯疑犯問題爭議不已，往往涉及被請求方的本國法律，以及其他相關司法乃至政策和政治考慮。爭執嚴重者，或會導致兩國關係惡化。

　　通常主要門檻要求包括：須符合「雙重犯罪」原則（dual criminality），即所涉行為在被請求方也屬可予懲罰的罪行；不涉及政治罪行；被移交者引渡後不會遭受酷刑、死刑或不符合人道（inhuman）的處罰；對所犯罪行的司法管轄權限（例如奧地利、法國、挪威、日本等一些國家會拒絕移交本國國民，中國也同樣

做法，因其本身法律可管轄國民在外地所犯罪行，猶如在國內干犯一樣）；以及移交後可確保受公平審訊（就此聯合國《公民與政治權利國際公約》〔*International Covenant on Civil and Political Rights*〕第 14 條有界定公平審訊的準則，而歐盟的《歐洲人權公約》〔*European Convention on Human Rights*〕第 6 條也規定對歐盟成員國適用的準則）。

此外，關乎人權的考慮（包括請求方是否一個不尊重人權的極權國家），也經常影響被請求方決定不予移交。亦有一些歐盟國家案例顯示，可根據《歐洲人權公約》第 8 條把「私人及家庭生活」（private and family life）視作拒絕移交的依據（例如涉及在被請求國已育有子女的曾犯事母親），但須與所犯罪行之嚴重性以及公共利益和安全作出合理平衡。

香港既有與外地的逃犯移交制度

香港的《逃犯條例》和《刑事事宜相互法律協助條例》，為它與其他地區在移交逃犯及法律互助方面的合作安排，提供所需法律依據。《逃犯條例》就移交被追緝以作檢控、判刑或強制執行判刑的人到香港以外地方，以及移交予香港的人的處理方式，作出了規定。《刑事事宜相互法律協助條例》不涉及移交犯人，而是關於在香港錄取證供、搜證、凍結和沒收犯罪所得等方面向香港以外地方所提供的協助和規定，主要是在調查、檢控階段提供協助。

在九七回歸以前，香港依賴應用英國相關法令。那時候，根據英國樞密院頒令，《1870 年引渡法》（Extradition Act 1870）延

伸適用於英治下的香港，後由《1989 年引渡法》（Extradition Act 1989）取代。《1967 年逃犯（香港）令》（Fugitive Offenders (Hong Kong) Order 1967）把英國《1967 年逃犯法》（Fugitive Offenders Act 1967）延伸適用於香港。上述適用於香港的逃犯法例，以及依據由英國簽訂並延伸適用於香港的雙邊及多邊條約而作出的移交逃犯安排，皆於 1997 年 7 月 1 日香港回歸中國後失效，故回歸前須及時進行本地立法，以及開展和 1997 年後仍然有效的移交逃犯雙邊協定有關的磋商。

《逃犯條例》和《刑事事宜相互法律協助條例》分別在 1996 年和 1997 年於英治末期由立法局通過，旨在加強刑事司法合作，打擊嚴重罪案，不容罪犯逃往其他司法管轄區以避過審判或服刑，亦不讓香港成為逃犯可逃避法律責任之地（即所謂逃犯避難所）。香港就移交逃犯相關法律互助所採取的準則，符合國際上司法互助的通行做法，並參照聯合國相關範本訂立協定。主要保障包括：

（1）必須符合「雙重犯罪」原則 —— 有關作為或不作為在請求方和被請求方的司法管轄區內均會構成罪行。對於移交逃犯個案，所涉罪行必須屬於《逃犯條例》附表 1 載列的 46 項嚴重罪行類別；[1]

---

1 包括：謀殺或誤殺；性罪行（包括強姦）；對兒童、有精神缺陷或不省人事的人作出嚴重猥褻行為；綁架、拐帶，買賣或販運奴隸或其他人；涉危險藥物及販毒的罪行；以欺騙手段取得財產或金錢利益；貪污、賄賂；與公司法律及與證券及期貨交易有關的罪行；與保護知識產權、版權、專利權或商標有關的法律所訂的罪行；走私及涉違禁品（包括歷史及考古文物）法律的罪行；縱火、刑毀；刑事恐嚇；與火器、爆炸品有關法律的罪行；與環境污染或保障公眾衛生有關法律的罪行；叛變或於海上船隻上任何叛變性作為；牽涉船舶或飛機的海盜行為；非法扣押或控制飛機或其他運輸工具；危害種族或直接和公開煽惑他人進行危害種族等。

（2）禁止「一罪兩審」── 已在一方審訊的罪行不能在另一方再審，否則被請求方須拒絕移交請求；

（3）不移交政治犯 ── 關乎政治性質罪行的請求，須予拒絕；

（4）拒絕基於政治等其他動機的請求 ── 涉及因種族、宗教、國籍或政見而蒙受不利或被檢控／懲罰者的請求，須予拒絕；

（5）保障不執行死刑 ── 如相關罪行在一方可判處死刑，該方請求時須先保證不會判處或執行死刑，否則移交請求須予拒絕，而司法協助請求亦可被拒；以及

（6）特定的保障和再被移交（re-extradition）的限制 ── 對於移交逃犯個案，當事人不得就干犯其被移交所涉罪行以外的其他罪行而受處置，及不會再被移交至其他地方。

　　所有移交請求，須經三重主要法定程序。首先，特區行政長官（特首）掌握**啟動權**，在發出授權進行書之前，會檢視個案的一切相關情況、香港與請求方所作的相關安排及相關法例；其次，特區法院就交付拘押進行公開聆訊時，會參考相關法例，審視每宗個案的證據和實況（即**法院把關**）；最後，特首會參考法院就拘押令的裁決和個案情況，決定是否作出移交令（亦即**最後把關**）。《逃犯條例》訂明，當事人可獲程序保障，包括申請人身保護令及被拒時提出上訴、在特殊情況下申請保釋、申請因延遲移交而予以釋放等。此外，當事人可在各項程序中任何時候要求覆核行政決定，並在有需要時申請法律援助以提出司法覆核。

　　根據《逃犯條例》和《刑事事宜相互法律協助條例》，除適用於香港的長期雙邊協定或多邊公約外，亦容許採用個案方式處理

請求（但須基於互惠承諾）。在香港與某方之間的長期安排生效前，可透過個案方式合作以作臨時措施。由於個案方式合作的操作程序並不切實可行，政府一直未能啟動這種一次過的合作安排。

政府解釋，按現行機制，除了外地自願將逃犯移送香港外，移交安排須藉附屬立法並刊登憲報予以實行。立法會審議個案方式移交的附屬法例時，案情無可避免會被公開；即使逃犯的個人資料被隱去，由於有些案情獨特，若進行公開審議會驚動逃犯，讓其潛逃。而且，在立法會的審議期內（由 28 日至 49 日不等），因所有移交程序和命令（包括拘捕程序）尚未生效，不能採取任何行動，包括臨時拘捕。縱使能拘捕逃犯，也可能因其個案細節洩露和被公開討論，損害其日後獲公平聆訊的機會，或致被司法挑戰。若香港方面因案情被公開而未能拘捕疑犯，會對請求方的拘捕行動造成影響，更使其他地區失去對香港打擊嚴重罪行的信心。

至 2019 年，香港已與 20 個司法管轄區簽訂移交逃犯協定，[2] 並與 32 個司法管轄區簽訂相互法律協助協定，[3] 有超過 100 人（主要乃外籍人士）被香港依協定移交他國，當中以美國為多，但仍有超過 170 個國家與香港之間並無簽訂協定。概念上，《逃犯條例》訂定了總體上的基本移交原則和條件（即「法例條件」），但每一項達成的雙邊協定均可（而事實上都有）訂定較具體合乎雙方均可接受及互惠的所謂「條約條件」，這屬第二層的制約，所以

2　包括澳洲、加拿大、捷克、法國、芬蘭、德國、印度、印尼、愛爾蘭、馬來西亞、荷蘭、新西蘭、菲律賓、葡萄牙、大韓民國、新加坡、南非、斯里蘭卡、英國及美國。

3　包括阿根廷、澳洲、比利時、加拿大、捷克、丹麥、法國、芬蘭、德國、印度、印尼、愛爾蘭、以色列、意大利、日本、馬來西亞、蒙古國、荷蘭、新西蘭、菲律賓、波蘭、葡萄牙、大韓民國、新加坡、斯里蘭卡、南非、西班牙、瑞典、瑞士、英國、美國及烏克蘭。

跟不同國家達成的協定內容會有所差異。[4] 2020 年 7 月港區國安法實施後，一些西方國家實行抵制，美國、英國、澳洲、新西蘭、加拿大（上述為「五眼情報聯盟」國家），以及德國、法國、愛爾蘭、芬蘭及荷蘭等國相繼停止了跟香港已簽署的移交逃犯協定。

一般而言，國際間移交逃犯皆基於協約。在缺乏移交協約下使用個案方式的一次過引渡安排，並不普及，美國只在極為罕有的情況下使用，而英國和加拿大則在相對較廣的情況下使用，但仍受甚多條件約束，若請求國的法治、司法獨立和人權狀況成疑，則會拒絕。[5] 今次特區政府修例，引入「特別移交安排」，主要參考了英加兩國的做法。

法例不適用於中華人民共和國其他部分

基於歷史原因，上述兩條例不適用於香港與中華人民共和國其他部分之間的移交逃犯及法律互助要求，即所謂「地理限制」。《逃犯條例》第 2（1）條規定移交逃犯安排，只適用於「香港政府及香港以外地方的政府（中央人民政府或中華人民共和國任何部分的政府除外）；或香港及香港以外地方（中華人民共和國的任何其他部分除外）」。但《基本法》第 95 條規定，特區可與全國其

---

4 見陳弘毅分析：Albert H.Y. Chen, "A Commentary on the Fugitive Offenders and Mutual Legal Assistance in Criminal Matters Legislation（Amendment）Bill 2019", HKU Legal Scholarship Blog, University of Hong Kong, 3 May 2019, https://research-blog.law.hku.hk/2019/05/albert-chens-commentary-on-proposed.html.

5 見上引陳弘毅分析。

他地區通過協商和依法進行司法方面的聯繫和相互提供協助，這應包括移交逃犯。

　　內地、澳門及台灣逃犯會利用既有漏洞而逃避法律責任或在香港躲藏，如一些內地嚴重貪腐或經濟犯罪者便長居香港豪華酒店，也有涉及政治罪行者。反過來，台灣和內地一直是不少香港罪犯「着草」潛逃之去處，如上世紀七十年代一些香港貪官（包括貪污涉款億元計的華探長），便曾逃往台灣長居，不受遣返。內地公安當局自九十年代起，主動遣返個別潛逃內地而被捕的香港疑犯，但這並非按照雙方正式移交逃犯的合作安排。根據目前行政安排，內地會把僅在香港犯罪的香港居民移交特區調查或審訊；如果他們在內地亦有犯案，便須待內地的法律程序完結和他們服刑期滿後才移交香港。相對而言，由於現時未有法律依據的安排，香港從未把任何逃犯移交內地。

　　回歸以來，特區政府一直在研究與內地訂立移交逃犯安排，但鑑於兩地的法律和司法制度存在頗大差異，過程中須處理不少問題，故未能達成共識。政府曾表明幾個基本原則：

(1) 必須符合《基本法》第 95 條的規定。

(2) 任何移交安排必須以香港特區的法例作為依據。

(3) 任何移交安排必須獲得香港特區和內地接受。

(4) 任何移交安排都要顧及「一國兩制」的原則和兩地法律及司法制度上的差異。移交安排既要防止罪犯逍遙法外，又要保障個人權利，在兩者之間須取得平衡。

(5) 任何移交安排必須符合《基本法》第 19 條的規定。該規定賦予香港特區法院審判權，審理所有在香港特區內干犯的罪行。

中國與其他國家簽訂的引渡條約，大體上依循多項國際上公認的引渡原則，包括：雙重犯罪原則；特定原則（rule of speciality，即請求國不得以引渡請求理由中列明的犯罪之外罪行對被引渡者進行審判或懲處）；政治犯罪不引渡原則；本國公民不引渡原則；及「或引渡或起訴」原則。按中國司法部官網公告，截至 2019 年 9 月，共有 55 國與中國簽訂引渡協定，當中 39 國已經生效。

特區政府 2019 年修例建議

現屆林鄭月娥政府決意移除既有條例的「地理限制」，從而能有法可依去與任何地方包括中國內地和台灣，進行個案方式合作，以共同打擊嚴重犯罪。近因是 2018 年初台灣發生一宗凶殺案，涉及一名香港永久性居民陳同佳涉嫌謀殺另一名香港永久性居民潘曉穎（下稱「陳同佳案」），然後返回香港。雖然台灣要求移交案中疑犯陳同佳，但卻礙於現行法律的限制而未能正式移交或提供所需的法律協助。政府希望透過修例一石二鳥，既助處理陳同佳案移交疑凶予台灣當局，同時堵塞香港整體刑事事宜的司法互助協作制度上的漏洞。

修例說明主要目的有二：（一）引入制度，讓政府在缺乏雙邊正式協定之下，仍可進行與英加兩國相似的臨時性「特別引渡安排」；（二）取消現行法例對中華人民共和國其他地區不適用的限制，好讓政府可與該等地區簽訂移交逃犯及法律互助的正式協定、或實施個案方式的特別移交安排。按《釋義及通則條例》（香港法例第 1 章）所界定，法案內中華人民共和國包括台灣、香港特區及

澳門特區。在現行《逃犯條例》的人權及程序保障完全不變的基礎上，一旦修例通過，由特首發出證明書作為特別移交安排的確證，便可啟動特別移交安排的程序，等於把個案方式移交「制度化」和常態化，日後與內地、台灣及澳門達成特別移交安排後（並非正式移交協定），只要特首簽署證明書便會生效，無須像正式協定般經由立法會審議以「先訂立，後審議」程序（negative vetting）通過。

法案把個案方式移交安排（界定為「特別移交安排」）與一般長期移交安排（即協約）區分，訂明特別移交安排，只在沒有適用的長期移交安排時，才可使用，並實施互惠承諾的特定條件。當將來長期互助安排設立並生效時，會取代個案方式合作安排。此外，啟動程序並不表示逃犯一定會被移交，因為有關要求須經所有法定程序處理，包括由特首授權進行、法院進行交付聆訊程序，以及最後由特首發出移交令。

2019 年 2 月 13 日，政府公佈修例意向及建議，並在立法會保安事務委員會 2 月 15 日會議上討論。3 月 26 日，行政長官會同行政會議，決定向立法會提出《2019 年逃犯及刑事事宜相互法律協助法例（修訂）條例草案》，3 月 29 日法案刊憲，保安局向立法會提交有關法案的《參考資料摘要》。局長於 4 月 3 日正式向立法會提出法案二讀，預期 7 月前完成立法。當時政府表示，起草法案時已參考英國和加拿大實行多年的類似個案方式移交安排，以及在新西蘭和南非等國家的類似工作模式。

保安局早於 2 月起已向立法會議員及一些界別簡介修例建議，據其於 3 月收到的不同意見顯示，支持者主要理由都是堵塞漏洞及不希望香港變成罪犯逃避法律制裁之地；異見者主要不認同內地的司法制度，有認為可移交的罪類太闊、應先集中處理嚴

重暴力罪行。不少人尤其在內地有商業聯繫者，擔心在內地因從商或民事「誤墮法網」，恐怕被遣返內地受審，因而主張剔除涉及商業無心失誤的經濟罪行，也有意見認為逃犯在內地或會面對「不公平審訊」，以及修例建議對香港作為主要區域商業樞紐有影響。

按社會反應，政府遂決定個案方式的移交安排，按《逃犯條例》附表 1 中 46 項罪行類別，只處理其中 37 項罪類，9 項不納入的罪類主要與商業有關。[6] 事實上當時香港已簽訂的 20 份正式移交逃犯協定，由於須雙方同意，亦不是每一份協定都納入《逃犯條例》全部 46 項罪類，而這 9 項豁除罪類亦非出現在所有已簽訂的協定內，例如與芬蘭的協定只涵蓋 21 項罪類、加拿大 27 項、荷蘭 30 項、澳洲 31 項，但德國則全 46 項。政府同時決定提高門檻，只處理可判監超過三年以上並在香港可循公訴程序審訊的罪行（目前法例規定為 12 個月以上）。上述調整，旨在平息商界的憂慮。政府期望，待移交安排運作一段時期後，社會上會較明白有關的法律和制度如何應用，使消弭憂慮。

從修例之目的、原則和涵蓋範圍而言，它合乎國際準則、針對目前制度的局限和具體問題，故不能說是未經諸多法律上考量的舉措。況且，九七回歸以來二十多年，特區政府（包括律政司和保安局）也一直在進行研究探討，而立法會秘書處早年也曾應議員要求，完成了一些關於引渡問題的研究報告和資料摘要，可

---

6 包括：破產法或破產清盤法所訂罪行；與公司有關的法律所訂罪行（包括由高級人員、董事及發起人所犯罪行）；與證券及期貨交易有關的罪行；與保護知識產權、版權、專利權或商標有關的法律所訂罪行；與環境污染或保障公眾衛生有關的法律所訂罪行；與控制任何種類貨物的進出口或國際性資金移轉有關的法律所訂罪行；涉及非法使用電腦的罪行；與財政事宜、課稅或關稅有關的罪行；以及與虛假或有誤導成分的商品說明有關的法律所訂罪行。

見事情已長期在政府的政策考慮和議會關注的雷達之內，並非突襲。當然中央相關部委也關心如何依《基本法》第 95 條落實香港與內地的相關司法互助安排，但也一直尊重特區政府的步伐及明白其所須面對和解決的問題，所謂急也急不來。

　　林鄭特首當時多番表示，修例乃特區政府推動而非受壓於中央，而我國駐英大使劉曉明於 2019 年 6 月接受英國 BBC 專訪時，也公開説明修例不是中央下令要做，「這次的修例行為是香港政府自己發起的，起因是在台灣發生的殺人案」。所以問題是：為何修例遭受如此強烈的社會反彈？為何一項旨在完善法律機制的法案，最終竟變成衝擊全城的政治炸彈？是政府低估民情、未有做好解説和諮詢工作？還是反對派及外國輿論加以「妖魔化」、政治上無限上綱？

參考閱讀

- 立法會秘書處：《中港移交逃犯協定研究》，2001 年 3 月，香港。
- 特區政府：《2019 年逃犯及刑事事宜相互法律協助法例（修訂）條例草案》，2019 年 3 月 29 日，香港。
- 保安局：《參考資料摘要：2019 年逃犯及刑事事宜相互法律協助法例（修訂）條例草案》，呈交立法會資料文件，SBCR1/2716/19，2019 年 3 月，香港。
- 保安局：《2019 年逃犯及刑事事宜相互法律協助法例（修訂）條例草案》，提交立法會保安事務委員會討論文件，CB(2)1578/18-19(01)，2019 年 5 月 31 日，香港。
- Albert H.Y. Chen（陳弘毅），"A Commentary on the Fugitive Offenders and Mutual Legal Assistance in Criminal Matters Legislation（Amendment）Bill 2019"，HKU Legal Scholarship Blog, University of Hong Kong, 3 May 2019, https://researchblog.law.hku.hk/2019/05/albert-chens-commentary-on-proposed.html.

第 2 章 | 政治風暴

2019 年 3 月 29 日，特區政府就《2019 年逃犯及刑事事宜相互法律協助法例（修訂）條例草案》正式刊憲。由 3 月 13 日起，為修例進行二十天公開諮詢。

社會上初步反應

最早對修例建議提出反對的，是泛民主派（泛民）。他們或許基於對政府高度懷疑，尤其任何涉及內地及自由和權利的事宜，或許也出於選票政治的計算（如為 2019 年 11 月區議會換屆選舉年設定政治議題）。[1] 曾經於 2003 年發動五十萬人反 23 條立法大遊行的民陣，於 3 月 31 日發起首次遊行，要求政府立即撤回修例，聲稱如當局堅持「硬闖」立法會審議，將發動包圍立法會。

---

1 2016 年立法會大選年，泛民議員便曾將《版權條例》的修訂立法批判為「網絡 23 條」，與《基本法》第 23 條國家安全立法相提並論，在立法會會議上實行「拉布」，終把修例拖死，未能於該屆立法會完結前處理。

民陣指參與遊行人數有 1.2 萬，警方則估計高峰期有 5,200 人。當時發聲的主要是泛民的核心支持者，一般市民並未深入關注修例的影響。

可能如此，讓政府以至建制黨派低估民情反應，只聚焦理順一些商界主要擔憂和關注的事情，以為這樣做便可確保在建制派於議會佔多數的支持下通過修例。《2019 年逃犯及刑事事宜相互法律協助法例（修訂）條例草案》如期於 4 月 3 日在立法會完成首讀，泛民議員「拉布」，企圖阻止進入二讀。立法會主席梁君彥最終宣佈法案按立法程序二讀辯論中止待續，交由內務委員會決定是否成立法案委員會審議。

導致反對之聲蔓延，主要原因有二：一是法律界反彈嚴重；二是泛民陣營成功地把反對運動定義為「反送中」抗爭，一洗 2014 年「佔領中環」（佔中）行動受挫後的政治頹勢（包括 2018 年兩次立法會地區補選泛民候選人皆敗北）。

法律界人士很少全盤否定修例的需要，畢竟既有的移交逃犯及法律互助安排的確有其不足之處。要達成較長期的移交或法律互助協定，不是一蹴而就的事，需冗長而審慎的雙邊商談，並須建基於互惠原則、互相尊重和肯定對方的法律和司法制度。這解釋了為何至 2019 年，已跟香港簽訂長期移交逃犯協定的國家，只有二十個。換句話說，對於其餘國家和地區，只能使用個案方式合作的操作程序，但如上章所述，往往並不切實可行。

至於中國內地和台灣，因涉及政治因素而更困難。英治時期，英國外交上只承認中華人民共和國，不承認台灣（但有非正式聯繫），當然無法與台灣簽署雙邊協定。至於內地，因長期司法制度上的差別，以及當時港英當局、法律界以至社會上對內地制

度有所保留，故也談不上建立正式的司法互助機制。若有逃犯疑犯移交，也屬內地出於自願協助港方而為，鮮有港方移交內地，亦不存在任何互惠安排，長此下去，在兩地人流、經濟及社會交往日頻的趨勢下，所謂「漏洞」確有必要妥善處理。

況且，自上世紀九十年代起，內地已逐步改善其法律體制及司法系統，全面修訂刑法、民法、商法及其他伴隨經濟改革、社會逐步開放所需的種種法例法典，發展法律專業及大力培訓各級法官和司法人員，批評者不能動輒以法治落後去否定內地已取得的進展。事實上，有若干西方國家已與中國簽署移交逃犯的引渡協議並已生效，包括法國、意大利、西班牙及葡萄牙，但尚未與美國和英國簽訂協議。

所以林鄭政府擬以「特別移交安排」的個案方式移交安排，去為香港與內地及台灣（還有澳門）設立一個有法可依的互助互惠機制，本是無可厚非。香港方面把新機制定位於中華人民共和國內（即「一國」）不同司法管轄區之間的合作安排，有其應有之義，即一國內的跨區司法合作，豈會比跨國間更困難？可是，現實歸現實，香港實行「一國兩制」包含了維持香港司法體系完整、無須全部融入國家司法體系的考慮，修例建議會否導致動搖此基礎，法律界自然是非常關注，泛民主派在政治上也不會掉以輕心，必從最壞處想像及提出質疑。

況且，台灣對九十年代跟內地達成的所謂「九二共識，一中各表」，近年在民進黨主政下近乎全盤否定。如此政治情勢下，特區政府既無可能跟台灣當局達成雙邊官方協定，但台灣也不會接受港方修例背後的中華人民共和國內不同司法管轄區之間合作的立法邏輯，台灣行政院大陸事務委員會（陸委會）早於 2019 年 2 月

22 日，便表示拒絕以「一個中國」為前提的修例；除非特別移交安排只靠港方單邊執行便可，但不切實際。所以問題是，特區政府在提出修例前，進行了怎樣務實的政治評估，為何低估台灣當局的反應及合作態度？

法律界、商界和外國的憂慮

香港不少法律界人士（包括資深權威者）對修例建議，存在難以宣諸於口的保留和顧慮：首先，儘管移交逃犯程序由特首把關，包括基於案件事實和相關考慮下同意啟動程序，以及基於全面的公共利益和其他考慮下行使最後（即使已經由法院公開聆訊批准）的否決權，就如同其他國家的政府首長或主責部長的把關角色一樣，但是，特區乃中央直轄，特首按《基本法》向中央人民政府負責，中央可向特首下達指令，故他們懷疑特首面對中央部委作出移交請求時，其能拒絕的實質空間和權效究竟有多大。

此外，儘管法院可因請求方的司法制度問題（例如移交之後當事人難獲公平審訊）而拒絕批准移交請求，而實際上很多受英式普通法訓練的本地法律界人士，仍對內地實行的大陸法體系欠缺理解，對內地司法制度（包括司法獨立）及人權狀況缺乏信心，但是若因此而否定中央部委提出的移交請求，豈不是對國家投下不信任票？但若完全不理會制度的問題而接納請求，又會否被視為無法維持特區的司法獨立？歸根究底，這涉及兩地不同司法體系互助基礎的問題。

還有的是，若按《基本法》第 95 條制定香港與內地的正式移

交逃犯協定，須經立法會審議才最終通過。但如依修例建議只訂立特別移交安排機制，則修例後（在法例所列基本條件之上）具體的與內地或他國的特別安排，主要由特首全權掌控，用陳弘毅教授的說法，是 "... add enormously to the extradition power of the Chief Executive (though without reducing the power of judicial control), which represents a fundamental change in the existing law, ..."（大大加強了行政長官的遣返權力〔儘管司法監控之權不減〕，此乃對現行法律的根本性改變）。

　　這些困擾，或有可能透過深入交流加以疏導，或找到一定程度上予以緩解的方法，但是觀乎 2019 年 4、5 月間特區政府的回應，卻未有好好地聆聽法律界的心聲，哪怕他們當中有過分憂慮、或政治恐懼凌駕法律理性的情緒。也有法律界人士支持修例，認為反對者過慮及對內地法律制度持有偏見或過時的了解，如律政司前刑事檢控專員江樂士（Grenville Cross）及身兼行政會議成員的前大律師公會主席湯家驊（曾任公民黨立法會議員）。

　　一些與內地交往頻密的商界人士，在特區政府提出修例構想之初未知就裏，有個別保留聲音，他們怕「誤觸地雷」、「誤墮法網」，遂紛紛向中央官員打聽是否中央旨意，包括於 2019 年 3 月在北京舉行全國人大、政協兩會期間。後來，中央官員表態支持特區政府修例之舉，這些人士便尋求收窄修例後的應用範圍。

　　陳弘毅教授作為基本法委員會最資深的委員之一，熟悉內地法律運作，當時也表達一些保留意見，並曾提出三項改善建議：

（1）把可予移交的罪行收窄為 "heinous"（滔天、令人髮指）的罪行，就正如一些外國若缺乏正式移交協約，只在罕

　　有和例外情況下，才動用特別移交安排。

（2）採納「無追溯」（non-retrospective）安排，即任何的特別
　　　移交，只能適用於修例引入相關安排之後所犯罪行（參
　　　考加拿大做法）。

（3）把香港居民豁除於移交範圍，就正如一些國際間雙邊移
　　　交逃犯協定下可拒絕移交本國國民一樣。香港《逃犯條
　　　例》下，特首也可決定不移交屬中華人民共和國國民身
　　　份的人士予外國。

　　部分建制派（如田北辰議員）及法律界人士又倡議「港人港
審」，意即干犯內地法律的港人疑犯，可避除移交內地審訊及受
刑，由特區司法體系處置。這些反建議都不獲接納。特區政府不
願作出重大讓步，仍信心十足，認為靠一些修補便可穩住立法會
內建制派的支持，讓法案儘管在泛民議員全面反對下獲多數票如
期通過，不覺重大風暴即將來臨。

　　法律界近乎一面倒、高調地對修例表態保留或反對，在在影
響社會上的民意，更令主要由政治決定立場的泛民黨派和議員，
乘勢動員各界人士及公眾加入反修例抗爭，定名為「反送中」運
動，除意指反對讓香港市民遭送內地審訊受刑外，更帶有否定內
地以至「去中國化」的政治意涵。政府急於在 2019 年 7 月立法會
年度休會前通過修例（即少於半年內），以趕及 10 月台灣殺人案
疑犯陳同佳因「洗黑錢」案在港服刑期滿出獄時，引用以移交台
灣法辦，因而予人對現有法律和移交逃犯制度影響深遠的修改、
但求通過而不容押後詳議之感，無法以時間換取空間，去處理各
種法律質疑及穩定法律界信心。

當時恐慌情緒之烈，竟令一些青少年學生以為，在香港發表批評內地或中共的言論，便會「送中」了，於是修例很快被政治炒作為失去自由、失去法治的壓制，視為比《基本法》23 條立法帶來的威脅更甚。部分泛民議員旋即呼籲美英及歐洲多國政府介入，向北京和特區政府施壓，以捍衛香港的自由和法治。至此，修例事件已全面政治化，泛民抗爭運動的力度不斷加大，4 月 28 日民陣再次進行反修例示威，聲稱有 13 萬人參加（警方估計為 2.28 萬人）。

外國特別關注一旦香港與中國內地設立移交逃犯安排後的「再引渡」問題。一般來說，再引渡是指將逃犯引渡到請求國進行審判或執行刑罰之後，再將其引渡到第三國進行審判或執行刑罰。再引渡的請求可以在移交被引渡人之前提出，亦可能在移交被引渡人之後提出。「一國兩制」下，內地與香港屬兩個不同司法管轄區，與外國的任何引渡安排分開處理。如內地與香港之間訂定了移交逃犯協定，當其他國家將逃犯引渡到內地或香港進行審判或執行刑罰之後，內地或香港若根據雙方移交逃犯的合作安排再將其移交到對方進行審判或執行刑罰，這種再移交做法便類似國與國之間的再引渡。[2] 其他國家會認為同意將逃犯移交到香港受審並不等同於容許在中國內地受審，若有此疑慮，自然影響到外國與香港之間引渡安排的執行。

---

2 一般的逃犯再移交應該受到雙邊引渡協議中特定性原則的限制，請求國不得以引渡請求中列明的犯罪之外的罪行對被引渡者進行審判或懲處。但特定性原則不是一項只針對限制再引渡而確立的原則，只是由於該原則限制引渡請求國對被引渡者追溯的範圍、時限和地點，所以可引伸作為對再引渡的一種原則性限制。問題是「一國」下，特定性原則能否有效限制將逃犯再移交到香港或內地。

政府的讓步和調整

2019 年 5 月 31 日，立法會保安事務委員會會議上，政府提交的討論文件，重申現行制度和修例理據，以及作出聽取社會意見後的調整建議，包括：

(1) 收窄特別移交安排的適用範圍至最嚴重的罪行，只處理 37 項罪類，涉及的罪行的最高刑罰必須為三年以上、並在香港可循公訴程序審訊者。

(2) 特別移交安排除了必須符合《逃犯條例》的各項規定外（即考慮一般移交請求的原則或對當事人的權利保障，見上章所述），如個別情況需要，可再安排加入條文，以進一步限制可移交的情況（例如額外保證），包括無罪假定、公開審訊、有律師代表、盤問證人權利、不能強迫認罪、上訴權等符合一般人權保障的保證。若請求方未能符合相關要求，特首有全權決定不處理請求方的移交。

(3) 特首作最後決定是否移交時，仍可用人道或其他理由不進行移交。同時，請求方需要作出保證，有關罪行是在有效追溯期內，或不屬於因任何原因而可免予起訴和懲罰的，例如特赦。由於特別移交安排的文本會在交付拘押的公開聆訊時向法庭提交，因此公眾亦可透過法庭的公開審訊知悉有關安排，增加透明度。

(4) 此外，鑑於公眾關注請求方提出移交的嚴謹性，及怎樣處理內地請求的情況，政府表示只會處理由當地中央政

府層級（有別於地區政府）提出的請求。以內地而言，特區只會處理由最高人民檢察院提出的移交請求，其他的不作處理。同樣地，在刑事事宜相互法律協助方面，就證據／證人的協助，只處理最高人民檢察院提出的請求；就限制／充公刑事犯罪得益方面，只處理由最高人民法院提出的請求，其他的不作處理。

為了更照顧被移交人士的利益，政府會以個案方式，商討移交後的探望問題，通過合適方法，包括領事（如移交給外國）、官員探望或其他特別合作安排處理等。有意見認為，被移交的香港人，在定罪後應可申請回港服刑，這可讓他在語言、習慣等熟悉的環境服刑，有助更生，家屬也容易進行探望。政府表示同意這意見的方向，並會按現行《移交被判刑人士條例》（香港法例第513章）的安排，協助被判人士回港服刑。由於該條例並不適用於內地，故會在修例法案通過後與內地跟進此事。

不過，政府不接納一些只針對像陳同佳案般單一個案的另類處理方式，認為提議者旨在避免為內地開闢一個「制度化」（儘管非長期協定）的移交逃犯和法律互助安排，而這卻是今次修例的要害所在：

(1) 以日落條款移除《逃犯條例》和《刑事事宜相互法律協助條例》中使條例不適用於中國其他地方的限制，只為處理台灣殺人案。政府認為有關做法只處理單一個案，不能堵塞現時制度上的漏洞。若每次需啟動個案機制都要修例以日落條款處理，乃不切實際。

(2) 引入全新的主體法例，只用作處理台灣殺人案的法律協助和移交逃犯事宜。政府認為，現時的修例建議已保留現有法例及制度框架，包括所有的人權和程序保障，另立主體法例專門處理單一個案，一如日落條款建議，每次涉及台灣、澳門或內地都須重新訂立主體法例去處理，屬費時失事、不切實際。

(3) 修訂《刑事司法管轄權條例》（香港法例第 461 章）及其他有關條例，以擴大香港刑事法庭對香港永久性居民在香港以外地方殺人、而受害人亦是香港永久性居民的情況下的管轄權，又或將謀殺罪列入該條例，容許特區法院就涉及跨境殺人的犯罪行為行使管轄權。政府認為。若只針對謀殺罪，其他嚴重罪行（包括放火、械劫、毒品等）不能處理，也不能移交。即使在《刑事司法管轄權條例》加入謀殺罪，亦存在修例追溯效力的問題，不能處理陳同佳案。

政情急劇惡化，中央官員高調支持修例

　　5 月起，修例的政情急劇惡化。如前所述，至 4 月底時，泛民支持者（即黃營）基本上已動員起來，泛民政黨把反修例視作與政府博弈角力的主戰場，並不斷提升向海外遊說的力度，向政府施壓。4 月 17 日，立法會內務委員會成立的法案委員會理應開始審議修例法案，這樣按程序便可予政府官員機會，去較深入詳盡地解釋法案條文內容及其影響、回應議員質詢及建議，最後甚至

可以達致一些行政立法雙方大抵上皆可接受的協調方案和修改條文建議，盡量求同存異，令法案通過。不然，政府仍可在確定與議員分歧所在而收回法案再研究如何改善。

但預計不到的，是法案委員會從一開始便陷入拉拖僵持狀態。由民主黨涂謹申議員以最資深委員身份主持法案委員會主席選舉時，便出現泛民議員提出包括程序的諸多問題，阻礙佔多數的建制派中人當選主席以配合政府立法，一拖再拖，以致數次會議都選不出主席來。後來建制派急了，於 5 月 4 日，取得內務委員會特別會議多數同意，向法案委員會發出指引，由建制派最資深議員、經民聯之石禮謙取代涂謹申主持法案委員會主席選舉。5 月 6 日，法案委員會經書面表決，通過採納立法會內務委員會指引，撤銷涂謹申主持法案委員會的權力，由石禮謙取代，但涂謹申堅持自己主持人的地位合法，自行召開一次只有泛民議員出席的會議，被選為主席，於是鬧出「雙胞胎」。5 月 11 日，出現建制、泛民兩派各自召開修例法案委員會會議的鬧劇，且在會議室爆發衝突，造成多名議員受傷。5 月 14 日，兩委員會再召開會議，雖沒有重演衝突，但情況膠着。

5 月 15 日，國務院港澳辦主任張曉明表示，修例是必要、恰當、合理合法及不必多慮，又說處理相關議題須把握三點：「守護法治和公義」、「回歸理性和專業」、「尊重事實和一國兩制下國家的一制」。十二名現任和前任大律師公會主席發表聯署聲明，對政府在沒有做好恰當諮詢下一意孤行推動修例，表示十分遺憾。5 月 17 日，中聯辦主任王志民與二百多名港區全國人大代表及政協委員會面，有與會者引述他在會上明言堅決及全力支持修例，必定要成功通過，指現時修例具迫切性，建制派須團結支持修例，並

在各地區及界別進行宣傳工作。他同時表明「港人港審」、「日落條款」及「沒有追溯期」的做法並不可行。

5 月 20 日，政府非常罕見地決定繞過法案委員會，直闖立法會大會，定於 6 月 12 日恢復二讀辯論。保安局局長李家超表示，法案委員會的審議功能已失效，政府迫不得已作出艱難決定。5 月 21 日，中共中央政治局常委、國務院副總理韓正表示，中央完全支持特區政府開展修例相關工作。

一些海外國家和國際媒體紛紛關注修例事宜。因應香港民間強烈反應及部分泛民議員往海外積極遊說，多個西方國家包括美國、加拿大、英國、德國和澳洲，以至歐盟，於 5 月內先後公開表示密切關注。它們的高調表態，被北京批評為干預中國內政，中央政府更要力挺特區政府堅持立場，不能受壓退縮。由此亦令修例陷入國際政治角力的漩渦，欲罷不能。泛民政黨引外國施壓，以壯其反修例聲勢，但卻變得幫倒忙。當然，國際地緣政治當時已因美國改變對中國政策（包括開打貿易戰）而起了重大變化，香港的形勢可為其用，施壓對象實際上是中國。

5 月 29 日，三十九名建制派立法會議員提交聯署信提出兩項建議。其後，李家超於 5 月 30 日公佈，特區政府將額外提出六項保障措施，例如：將移交的刑期門檻由三年以上增加至七年或以上、將其中六宗罪行剔除出移交範圍、政府在進行個案移交時會加入無罪假定、不能強迫認罪等措施，令移交逃犯得到公平審訊、同時移交申請須由中央機關提出，以內地為例則須統一由國家級部委提出，如最高人民檢察院等。

由於缺乏法案委員會的深入逐項條文審議，政府唯有安排透過立法會保安事務委員會於 5 月 31 至 6 月 5 日舉行連續會議去討

論法案，並提出最新的修訂建議。若取得與議員的共識，政府在程序上仍有機會在立法會二讀後的委員會階段提出修正案（Committee Stage Amendments）的。當然政府也必然慎防泛民議員在二讀辯論、委員會階段以至三讀過程中，運用一切可用的議會規程去拖延及拉布，延阻法案的通過。

與此同時，台灣當局於 5 月內多次表示，若特區政府以修例基礎（即視台灣為中華人民共和國的一部分）移交陳同佳，則不會予以合作。台灣的表態顯示修例設立特別移交安排，根本解決不了陳同佳案。愈是這樣，則反對派的政治陰謀論愈加發酵，認為修例項莊舞劍，意在建立不須經立法會審議的正式移交協定、而可由特首完全主導把疑犯逃犯從香港移交內地的特別機制。

當反對派及對修例充滿疑惑的市民，眼見政府不惜一切、繞過立法會正常審議法案的程序都要在 7 月前通過修例時，陰謀論的市場不斷擴大，理性討論已失去空間和時間，愈來愈多人忘記了修例的實質內容和移交程序的操作，紛紛為了保衛港人自由和法治而投入所謂「反送中」運動，並訴諸國際社會。一旦越過臨界點，政府的立法解說變得軟弱無力，恐慌在社會上迅速蔓延，反映很多港人仍不信任內地的司法制度、擔心不會受到公平審訊。

6 月 9 日星期日，在民陣發動下，香港出現了回歸以來最大規模的抗議遊行，反對修例，比 2003 年反《基本法》23 條立法更強烈，組織者公佈有 103 萬人參與，警方估計最高峰時有 24 萬人。全城性抗議的大爆發，成為林鄭政府自 2017 年中上台後的政治滑鐵盧，龐大的民情反彈為政府事前所嚴重低估。

當晚大遊行尚未完全終結時，政府便發新聞稿表示，會繼續

接觸各界及聆聽以釋疑慮，修例會如期 6 月 12 日在立法會恢復二讀辯論（按原定時間表預期 6 月 20 日付諸表決）。6 月 10 日早上，特首林鄭月娥聯同律政司司長鄭若驊和保安局局長李家超召開記者會，重申有需要修例，並宣佈做四方面工作，包括繼續密集式解說修例目的和性質、加強人權保障、定期向立法會匯報條例執行情況，以及爭取與其他司法管轄區簽訂長期移交逃犯安排的協議。但至此已挽回不了逆向的民意。

6 月 12 日，大批反修例群眾到立法會門外集會，進行示威堵路，包圍立法會大樓，與警察發生暴力衝突。抗爭者指控警察濫暴，使用催淚氣體、胡椒噴霧、警棍及橡膠子彈等，警方則指抗議已變成「暴動」。立法會主席梁君彥宣佈無法舉行會議。林鄭特首晚上發表電視講話，形容事件為「公然、有組織地發動」，強烈譴責示威者，呼籲市民大眾遠離暴力。

接着幾天，全城群情洶湧，國際矚目關注。6 月 15 日，林鄭特首宣佈暫緩修例工作、重新與社會各界溝通、作更多解說、全面聆聽社會意見。因應屆立法會最後會期到 2020 年 7 月止，故若不在本屆繼續程序就等同法案夭折，將來重提須重新啟動立法程序。但反對者毫不領情。接着的星期日即 6 月 16 日，民陣再度發起大遊行，重申要求撤回修例及林鄭特首下台。民陣宣佈有 200 萬市民上街，警方則公佈經原定遊行路線的最高峰人數約為 33.8 萬人，而另有研究機構公佈有 40 萬人。

借用陳弘毅教授的說法（這也反映當時不少建制人士的感受），無論出意如何良好，但修例做成風暴乃屬「完全不必要及本可避免的」（"completely unnecessary and avoidable"）。但林鄭特首遲來的讓步，未能終止這場風暴。有分析指這反增添勇武抗

爭派的銳氣，認為是全靠他們的流血和衝擊警察的激進手段才最終迫使政府退讓，而非民陣的傳統「和理非」式遊行集會起到作用；從此泛民主流派的路線被邊緣化，年輕人紛紛為勇武抗爭所吸引。[3]之後街頭抗爭愈趨激烈和暴力化，政府的危機處理策略卻進退失據，致釀成更嚴重的政治災難，下章分解。

---

3 一年後，勞工及福利局局長羅致光於 2020 年 8 月 21 日接受傳媒訪問時說，暫緩修例並非因 2019 年 6 月 12 日示威者衝擊立法會所致，又形容將政府退讓歸因於暴力的想法乃「迷信」，指因果關係並不如此，重申政府決定暫緩修例是受之前 6 月 9 日遊行影響。他又指政府作決定並非瞬間之事，很多政府要做的事情，乃一早已決定要去做，只不過在 6 月 12 日包圍立法會事件發生後才公佈而已。見《東方日報》網頁，〈政 Whats 噏：暴力示威逼使政府退讓？羅致光：迷信〉，2020 年 8 月 22 日，https://hk.on.cc/hk/bkn/cnt/news/20200822155857742-0822_00822_001.html。

參考閱讀

- 立法會秘書處：《中港移交逃犯協定研究》，2001 年 3 月，香港。
- 立法會秘書處：《資料摘要：中港移交逃犯協定研究—再引渡問題》，IN02/01-02, 2001 年 12 月，香港。
- 特區政府：《2019 年逃犯及刑事事宜相互法律協助法例（修訂）條例草案》，2019 年 3 月 29 日，香港。
- 保安局：《參考資料摘要：2019 年逃犯及刑事事宜相互法律協助法例（修訂）條例草案》，呈交立法會資料文件，SBCR1/2716/19，2019 年 3 月，香港。
- 保安局：《2019 年逃犯及刑事事宜相互法律協助法例（修訂）條例草案》，提交立法會保安事務委員會討論文件，CB(2)1578/18-19(01)，2019 年 5 月 31 日，香港。
- 香港民意研究所、公民實踐培育基金：《反對修訂逃犯條例運動：民間民情報告》，2019 年 12 月 13 日，第三章，香港。
- Albert H.Y. Chen（陳弘毅），"A Commentary on the Fugitive Offenders and Mutual Legal Assistance in Criminal Matters Legislation (Amendment) Bill 2019", HKU Legal Scholarship Blog, University of Hong Kong, 3 May 2019, https://researchblog.law.hku.hk/2019/05/albert-chens-commentary-on-proposed.html.
- Albert H.Y. Chen（陳弘毅），"A Perfect Storm: How the Proposed Law on Hong Kong-Mainland China Rendition was Aborted", VerfBlog, 19 June 2019, https://verfassungsblog.de/a-perfect-storm/.
- Grenville Cross, "Fugitive surrender: Facing reality and upholding criminal justice", *China Daily*, 31 May 2019, Hong Kong.

第 3 章 | 危機變災難

　　特區政府在修例過程中進退失據，在宣佈暫緩修例後的政治危機處理上，尤其暴露其落後於形勢，致矛盾如雪球般愈滾愈大，原可化解的風波導致社會大衝突及遍地開花式的全城抗爭。事後處理的失敗，令修例風波變質，成為九七回歸以來最嚴重的管治危機，有點像上世紀七十年代的水門事件。

　　當年美國水門事件，是怎樣演變成為導致尼克遜總統下台的嚴重政治危機呢？1972 年民主黨全國委員會於華盛頓水門大廈總部被人潛入安裝竊聽器等，當然是一宗醜聞，調查追究在所不免，共和黨人大抵上要付出一定的政治代價，但事情犯不着燒上總統身上。然而尼克遜不擇手段掩蓋事件真相，多番阻撓檢察官及國會調查，誤導國會，才引致啟動彈劾程序、眾叛親離，最終演變成為重大憲政危機，他被迫於 1974 年 8 月黯然宣佈辭職。歷史上政治危機往往就是這樣。真正的危機不出於最初的觸發事故（醜聞、天災、疫情等），而是事後處理的失敗導致危機變異，愈弄愈糟，最後無法收拾。

修例風波一石激起千重浪

2019 年起，究竟發生了什麼事，使香港變成悲情及動亂城市，令中央政府最終要直接引入港區國安法及在特區管治上處處政治設防，並動政制大手術以確保「愛國者治港」？由 2019 年初至 2020 年底兩年內的事態發展，可參考本書附錄一的大事表。簡言概括之，既有深層結構因素長期存在（本書下一部分詳加剖析），但近因及頗為偶然的因素，乃修例釀成的重大政治風波，引致民心離異，本土矛盾更為外部勢力所乘，把對特區和中央政府的挑戰不斷推高。若沒有修例風波的刺激發酵，深層張力雖在，但香港的政局應不會如此迅速惡化。

不要忘記，2014 年「佔中」及「傘運」在早期階段聲勢浩大，曾獲不少人同情，但也持續不足八十天，因當時泛民支持者仍堅持「和理非」式抗爭，且市民普遍反對任何暴力或癱瘓社會的行為。現屆林鄭月娥政府於 2017 年 7 月上台，一般咸認開局順暢，社會上期望可從自三年前「佔中」衝突以來的撕裂中走出來，逐步邁向和解，而早期林鄭特首也銳意改善政府與泛民政黨的關係，聲言把政治爭拗放在一邊，聚焦社會發展和民生議題，透過「新理財哲學」動用公共資源去開拓一些重點政策突破（如教育及勞工保障方面），以回應民情，爭取民心。但這一切努力都因修例風波而化為流水。

修例風波招來政府預計之外、前所未見的社會政治海嘯，捲走本已不高的官民互信，嚴重衝擊制度和社會的凝聚力。可以說，2019 年爆發的反修例抗爭，徹底地改寫了香港和「一國兩制」的命運。

遠況和近事的悲劇巧合

修例藉陳同佳涉在台灣殺人案促使，惟反政府陰謀論認定，一切乃為遏制港人自由的部署，因而反修例變成「反送中」運動。但實情卻是遠況和近事的悲劇巧合，悲情的結局本來是可以避免的。

上兩章已交代了修例的緣起和箇中種種疑慮與爭議。表面上看，政府修例旨在堵塞長年漏洞，模式為國際慣用，又可同時解決陳同佳案，可謂一石多鳥，但這屬內向思維。香港與內地任何引渡安排，皆涉及「兩制」不同的司法制度；而香港作為中華人民共和國特區與台灣作出安排，也迴避不了「兩岸」政治及「一中」爭議。政治敏感度不足，思慮不周，時機不利，故修例建議一出台，便如破堤引洪。泛民拿作主打議題，法律界大為質疑，工商界反彈，且令香港即時捲入美中角力和台灣大選的政治漩渦中，內外矛盾合體，一發不可收拾。

政府把修例與陳同佳案綑綁，形同定下死線，陷於被動，難以用時間換取空間，理順民情。在泛民拖延成立法案委員會下，政府拿法案直上立法會大會審議，反讓懷疑的民眾以至國際社會相信，快刀斬亂麻背後必有重大圖謀，而當北京視反修例為外國陰謀時，遂演化成一場巨大的政治風暴。

危機處理進退失據，一子錯滿盤皆落索

由早期泛民抗議，演變成以數十萬至百萬人計的市民抗爭，原初不為一般「和理非」市民認同的暴力抗爭、破壞並焚燒公物、

衝擊特區和中央權力機構，以及毀壞國旗國徽等行為，竟逐漸「主流化」，年輕人一面倒反政府，顛覆特區政治生態。

由修例引發爭議，致抗爭不斷發酵、社會撕裂，形成後期亂局，已不再是修例本身的問題，因為修例「已死」（林鄭特首於2019 年 6 月 15 日宣佈「暫緩」，其後三番四次表明修例實已壽終正寢，最後於 9 月初宣佈會「撤回」條例草案），而是特區政府一連串處理手法進退失據，把自己陷於政治泥沼，愈陷愈深，錯失所有可以扭轉情勢的機會。因為對峙得不到恰當的紓緩，不滿不信任政府的民情高漲，致局面持續惡化下去，仇恨助長仇恨，演變成鬥爭和恐懼主導一切，政府失去其應有的調和中介作用。

過程中，若主事者處置得宜，群情不至如此洶湧。形勢急變，覆水難收，勇武激進抗爭派的「攬炒」論述（即同歸於盡）固然在推波助瀾，但也跟政府態度和手法有關，它當時是否「只知勝而不知敗」致「必害其身」呢？當法律界嚴重質疑及社會反彈時，政府本應及早思考另案或退路，最佳做法是把陳同佳案抽出，與台灣商討如何特事特辦，這樣修例之事便可從長計議，退一步海闊天空。但特區政府和中央官員因認定外力介入，遂以對外的政治凌駕對內的政治，結果兩者皆失。

本來一個政府修例失敗，平常心視之，不涉重大榮辱，例如九七回歸以來因應國際上保障知識產權的要求甚至壓力，特區政府就《版權條例》的修訂便曾歷盡業界及議會內多所質疑而擱置，可謂好事多磨，2016 年的再修例，事前本以為已取得跨黨派和業界廣泛共識，未料法案提上立法會後，卻被部分泛民議員以「網絡 23 條」的指控（意指箝制使用網絡資訊的自由）而持續「拉布」，上屆政府為免阻礙處理其他更急、更重要的法案，無奈下唯

有把版權法修例押後，致無法如期於該年 7 月當屆立法會任期結
束前通過。

今次逃犯條例修訂風波，情勢竟可糾纏至此，而結愈扭愈
緊，則是深層次矛盾、體制缺陷再加上危機處理失策綜合爆發所
致，使執政班子急促失掉政治和道德能量。如此失序下，部分商
界、專業以至前高官深感憂慮，有些公開發聲，要求政府認真回
應時局、化解矛盾、恢復秩序。但是政府一直拖着，好像仍在等
候些什麼似的。危機既成，不會輕易消失。就算戒急用忍，還需
有謀略，否則不作為只會滋長進一步的不信任和憤怒，最後成
為駱駝背上最後一根稻草。重大危機總不能拖或捂着，否則就像
Mrs. O'Leary's Cow 一樣，令全城陷入火海。[1]

在其他國家及地區，政治止血、人事或機構改組、與民對話，
重新出發，乃慣常做法，法國總統馬克龍於 2019 年處理「黃背心」
抗爭運動乃經典例子。可是香港仍未能好好把握「港人治港」下解
決內部嚴重紛爭的機制，又或未能取得中央政府這方面的理解和信
任，至事情完全僵住，騎上虎背，剩下只靠中央出重手一途。

政治問題政治解決，錯失解危時機

事後回顧，政府在危機處理過程中錯失兩個重要的關鍵時刻：
（一）6 月中下旬未能把握機會，下決心成立法定獨立調查委員會，

1　傳說 O'Leary 太太的一頭牛在牛棚裏把燈踢翻，造成失火蔓延，最後導致 1871 年
　　的芝加哥大火災。

以查找全面真相，平復對立之局面，啟動社會對話與和解。（二）7月時未能阻止激進抗爭派於「七一」衝入立法會大樓及議事廳，塗污區徽、揮動港英殖民地旗幟，構成對特區憲政秩序莫大的挑戰和侮辱，令中央政府確定反修例抗議已經變質成為反國家主權、顛覆政權的有計謀行動，從此對港政策歸位於國家安全及反顏色革命的主軸。

當時內地人民看到香港有關包圍政府機關、衝擊警察的報道，亦群情洶湧，有反應激烈者如《紅旗網》7月17日一篇長文評論，便指香港出現美國為幕後黑手的「反華暴動」，狠批「身處一線的特區現任政府未能經受住這次嚴峻的考驗」，認為香港的政府和資產階級上層是靠不住的，主張中央派員暫時全面接管各機關、立法會、法院，以及由駐港解放軍部隊協助進駐香港機場、碼頭、海關等涉外單位，進行大整頓。[2]

7月21日深夜，發生元朗白衣人暴力事件，過程中公權力的缺席，令一些愛港者感到情何以堪，轉而同情抗爭者，不少原先反對任何暴力行為、主張和平抗議的所謂「和理非」民眾為形勢所感染，逐漸走向支持「勇武」的暴力抗爭路線，促成了所謂「和」「勇」合流、不切割的新格局。可以説，7月是抗爭全面走向激進、破壞、暴力的轉捩點。假如當時政府仍願意接受民眾訴求及包括退休官員在內的部分建制人士的主張，成立獨立調查委員會，應有利於緩和情緒，以時間換取解決分歧的空間，讓動員起來的各方能逐步回歸理性，至少情況不會迅速惡化下去，致激烈

2　佚名：〈粉碎香港顏色革命，嚴懲暴恐勢力，堅決捍衛國家統一〉，《紅旗網》，2019年7月17日，http://www.hongqi.tv/mzdxueyuan/2019-07-17/15772.html。

抗爭和黃藍衝突一浪接一浪地蔓延，並走向社區、學校，連中小學生也受到影響，使中央深感教育界失陷。

民情洶湧、政情嚴峻，若局面走向以暴易暴，各走極端不饒人，必成惡性循環，最終迫中央出重手，造成震盪或嚴重後遺症，那時「一國兩制」就真的動搖，中了一些「攬炒派」或背後陰謀者的圈套。所以我當時也呼喚各方：港人欲自救，就要拿出能力，自我修復傷口，走出重生之路。重要的一步，是求真相、促和解。

我自 6 月中首次就修例危機公開評論，就主張立即成立獨立調查委員會，對暴力衝突事件進行公平、公正、公開的調查，尋找主因，吸取教訓。走這條路，不是特別針對警察，也非去否定「獨立監察警方處理投訴委員會」（監警會）機制（若收到個別對警務人員的投訴，監警會可繼續調查處理），而是以一個合理並具公信力的機制去弄清情況、擺脫揣測，不致因一些個別部署失當或個別人員的行為，甚至偏頗不實的資訊，而令整個香港警隊在本地及國際上蒙羞，損害久經努力建立的專業部隊形象。民間否定警察的情緒在不斷升級蔓延，群眾之不滿未能疏導，政府實不應再讓警察成為政治矛盾的磨心。

政治問題應政治解決，政治責任應由政治領袖承擔。特區政府勢弱，需朝野及跨黨派坐下來共商解困之道，中央也應支持這樣做。與此同時，政府無論初心如何，至此應確認「撤回」修例，不要再給人家做文章。經過多場大遊行，廣大民眾的聲音已十分清楚（the people have spoken），本來應由政治領袖們（包括行政、立法雙方）承擔責任，共議出切實回應方案，化解深層矛盾。人們要的是行動，急民所急，而非耍搔不到癢處的公關技巧。

在此要解釋一下法定獨立調查委員會（Commission of Inquiry）的性質和作用，使更好地明白為何它有助民情降溫。回歸以來，特區政府成立獨立調查委員會不下六、七次，上屆政府任內就南丫島附近撞船意外和公共屋邨食水含鉛超標事故均迅速成立獨立調查委員會，現屆政府就港鐵沙中線建造安全問題也成立獨立調查委員會，以確定事情真相及回應市民困惑。英國常以成立名為皇家調查委員會（Royal Commission）去就社會重大爭議和醜聞事件查找真相、吸取教訓、建議善後。2019 年澳洲發生嚴重山火，政府（尤其是總理莫里森〔Scott Morrison〕）處理失當，大受批評，便成立皇家調查委員會平息風波。

2019 年 6、7 月間，為了讓反修例風波止息，社會上不少有心人士（包括前高官以至退休首席法官）皆向政府進言，呼籲成立獨立調查委員會，無奈政府拒絕考慮。當然，成立獨立調查委員會能否可行，端視乎調查範圍和由誰主持。一些意見認為，就修例風波做成暴力衝突進行獨立調查委員會調查，並不恰當及會對執法的警隊不公，沒有效用。但是，7 月前警民衝突尚未蔓延，受社會及國際媒體主要關注的，是 6 月 12 日立法會大樓外的嚴重衝突，抗爭者指控警察濫暴鎮壓，而警方指有暴動行為，所以成立獨立調查委員會反有助弄清事實，化解對立。

警方或警隊的員方協會怕獨立調查委員會只針對警察而衝擊其士氣，可以理解，不過政府團隊應有頂層視野和大局思維，應從平息社會不安及撕裂為主要着眼點。通過獨立調查委員會調查研訊，可確立事情比較全面的真相，不聽抗爭者一面之詞，也聽警方從現場執法的辯解，若有前線警務人員過分使用武力，當然須予追究，但若警隊乃切實依警例和按現場情況作出合理判斷而

採取行動，也應還警隊一個公道。

同時，面對民情沸騰，也須向社會有個交代，而獨立調查委員會乃香港自英治時期以來官方和社會皆已接受和相信其公正性的公共調查機制，在國際上也受尊重。成立法定獨立調查委員會，好處是有傳召權、公開研訊、宣誓作證；其功能及運作方式與監警會不同。我曾認同調查可在動亂平息後才啟動，而且調查範圍應要具體，而非泛指所有關乎修例及施政得失的情事，否則尾大不掉。有人反建議，主張成立無法定權力的調查委員會或南非式的真相及和解委員會。白貓黑貓，捉到老鼠就是好貓。問題是，捨既有法定調查委員會機制不用而採用其他方式，能否取得多數市民的信心？

法定獨立調查委員會有類法庭權力，但並非法庭，所有應傳召或主動出席研訊者均為作證者（witness），沒有所謂被告，獨立調查委員會也不會影響「定罪」。它只會在報告書中就特首要求調查的事項提出觀察、結論和建議。至於如何跟進，則由特首決定。若有涉及刑事或民事的情事，也須由執法部門（包括警方）立案詳細調查，如最後依律政司檢控政策有起訴，再由法庭正式審訊。香港長期實行獨立調查委員會制度，從來未有發生因進行了調查研訊而妨礙事後的刑事或民事訴訟，或妨礙公義的實施。說到底，成立獨立調查委員會與否，乃政治決定，社會上相信大多數人支持成立。不成立獨立調查委員會進行調查，政府及警隊須承受政治代價，但無論如何，總不能把獨立調查委員會機制視為破壞政府部門士氣的洪水猛獸，否則將來面對任何社會災難或重大事故，政府可憑怎樣的道德台階和程序公義去進行獨立調查呢？

　　特區政府進退失據,先在於錯估形勢而貿然修例,缺乏預案,繼而不及時調整步伐,三而於 2019 年 6 月中為勢所迫「擱置」修例卻不肯放下身段,拖延至 9 月政情暴力化才收回法案,犯了政治人皆知「擠牙膏式」回應之大忌,且不把握時機成立法定調查委員會,以促成社會和解,也因而放棄了對事件的全面詮釋的機會,致威信和話語權流失,成為最大輸家,並同時令國家承受香港社會分裂和分離主義進一步發酵的威脅。

　　一場或可藉果斷降溫暫時止血的風波,竟因民情找不到寬慰(closure)致火頭愈燒愈烈。抗爭暴力化,法紀受衝擊,當然不能等閒視之,但單靠警察解決不了政治問題,反而衍生新的對峙衝突,延續了抗爭的生命力,並令警隊賠上多年來建立的親民信譽。兩極撕裂下,教育成為戰場,公務員體系及司法機構備受衝擊,各行各業激化,區分黃藍敵我,中央也進入底線思維。危機處理失敗,民心轉向不了,制度付出沉重代價,親痛仇快。

外力需有內因才可介入

　　2019 年 11 月區議會換屆選舉,儘管反政府(所謂非建制)參選者合起來獲總得票不足六成,比例不見得懸殊(57% 對 41%),卻能十八區每區皆佔多數,導致十七區「變天」的格局,離島區議會只因存在親建制的當然議席才不至「淪陷」。出現非建制拿到約八成議席的表面海嘯局面,乃拜單議席單票制所賜,而投票率遠高出預期是關鍵因素;但區區逆轉,在在顯示當時多數民意所趨,一方面空群而出(特別是年輕「首投族」),以選票「懲

罰」建制派，另一方面寧投旗幟鮮明、只叫口號的年輕或素人抗爭者，不去計較有否社區服務往績和能力。

中央和特區官員及建制派不能明白，經歷多月的街頭暴力和交通系統破壞，頗多市民開始受不了，為何選舉未出現民意逆轉呢？說白了，就是因為社區上不少市民對政府的不滿超越其對抗爭暴力的討厭，他們要用選票懲罰當權者。這樣的民心大逆轉，對政府而言才是大問題，它不是政變，但肯定是民變！因這結果，中央對直選更缺乏信心，擔心只會選出搞對抗的人來。

有人以「反送中」運動後來演變成挑戰特區憲政秩序、全面破壞與癱瘓社會和政府的行動，去說明不應對抗爭者持任何一廂情願的姑息態度，因此由一開始就不能示弱，反對搞獨立調查委員會或什麼社會和解對話，認為如此舉措只會添加破壞者和顛覆力量的氣焰，還會在一般民眾中做成思想混亂。

箇中關鍵問題，是如何解讀 2019 年的香港政治社會形勢。

早期挑戰既有體制者，其實不少只陶醉於抗爭亢奮，這是常見的「廣場」現象，他們未有好好地回顧歷史，提升搞抗爭運動的智慧。應記得，上世紀六十年代歐美否定建制秩序的激進運動，最後（當然非單一因素）帶來的是七十年代末期保守主義回朝，及其後新自由主義抬頭。中國內地文革打倒一切，紅衛兵「除四舊」，最後造成國家十年浩劫，毀去一代人的青春與理性。當然香港未至於此，但因為小精靈放了出來後，有其自我繁殖能力。任何改革不能踢開秩序，因此必有妥協。革命也只是由一個新秩序取代舊秩序（請看 1979 年革命後的伊朗及「阿拉伯之春」後的中東「解放」國家），並非革命浪漫者所空想的天堂。

2019 年香港群情像發高燒，有些年輕抗爭者腦中充斥著革命

的憧憬和想像，以為靠不斷衝擊、攤牌便能帶來改朝換代。扭轉惡性循環之鎖匙，似乎失掉了，形勢朝悲情發展，越過臨界點，最後回不了頭。事後回望，反修例風波做成的抗爭，對不少年輕參與者而言，改變了他們的一生，但背後不少在推動抗爭升溫的人卻無需承受代價。中央政府不能理解的，是為何反修例會變成「反送中」，再變成全面反建制／體制以至反中央、反內地。中央的底線應是：香港可以小亂，這由特區政府處理，但不能大亂，不能出現衝擊國家主權和體現中央權力的機構，更不能出現實質走向「港獨」的行動。因此，2019 年 7 月起中央已經認定抗爭變質，遂定調「止暴制亂」、全方位打擊分離主義及「港獨」、與其一切苗頭。

值得一提的是，二十一世紀社會運動與新社交媒體構建的資訊政治交叉推動、互為影響，實體世界和虛擬世界的鬥爭既平行、又重疊，既立足於現實、也吸養於想像，去定義事件和設定議題。這往往是習慣於傳統主流政治的主政者，尤其是「從辦公室執政」者，所無法充分體會和掌握的。社交媒體基本上是反建制和挑戰權威的政治，在高牆與雞蛋之間（村上春樹的著名比喻），任何抗衡權勢當局者就是雞蛋，就是大道理和大正義的一方。在數碼媒體環境下，假新聞和謠言廣泛傳播，在新媒體平台之間持續流傳，影響着個人和社群的認知。2019 年下半年香港反修例運動也充斥着這樣的資訊政治。[3]

3　李立峯：〈後真相時代的社會運動、媒體，和資訊政治：香港反修例運動的經驗〉，《中華傳播學刊》，第 37 期，2020 年，台灣。

泛民主派的議員及一些核心人物，自 2019 年 3 月起便走訪美歐，呼籲國際社會關注及介入修例事件，其後又要求以行動（甚至採取制裁手段）保衛香港的自治和自由，迫使中央和特區政府讓步。部分抗爭者特別是激進自決派更主攻所謂「國際線」，要借國際之力（主要是美歐）打擊中國，驅使共產黨政權崩解。而美英及歐盟國家也高調表態支持抗爭運動，美國政府及一些參、眾議員更積極介入，令中央政府深信有外國和境外勢力在背後操盤干預，欲把香港搞亂，並於當前中美「制度衝突」中打香港牌，以香港作為攻擊中國的橋頭堡、首戰場。

至此，由激進者主導論述和行動綱領的抗爭運動，已蛻變成為一場與北京你死我活的大攤牌，「攬炒」之局無論是無意還是有心已經形成，令北京決策當局立下決心對反對派陣營進行全面掃蕩戰。2019 年 10 月底舉行的中共十九屆四中全會，正式開啟北京反擊戰的序幕。2020 年 6 月全國人大常委會通過《港區國家安全法》，強力收拾亂局（有關分析見第 7 章）；2021 年 3 月全國人大會議通過決定，整改特區選舉制度（見第 4 及第 9 章）。國際政治錯綜複雜、撲朔迷離，人們的確不能一廂情願。不過外力介入，也需有內因才搞得起，所以還須正視特區自身的內在深層次結構性矛盾。

可惜，當全社會躁動不安時，特區政府卻猶豫失焦、回應乏力，情勢便被極端者騎劫。一邊廂，激進抗爭者着意把危機熱度提高，等待政府及警方「犯錯」，增加群眾同情，以戰養戰，並刻意挑釁，使警方以鎮暴回應。7 月衝擊立法會和中聯辦，塗污區徽國徽，其政治含義毫不尋常，欲刺激中央出手。另一邊廂，有人在提高押注，增大衝突風險，迫使政府強力鎮壓，呼喚中央出手

甚至動用駐軍平亂。警察處於這場前所未見的風暴之風眼，變成兩面不是人，少數人失去應有的把持，士氣備受考驗。當抗爭和鎮暴雙方皆讓暴力升級，不單警民關係全面崩潰，政治對立之勢也扭轉不了。

燎原之星火有跡可尋

　　事物之變總不會無緣無故。修例成為燎原之星火，雖始料未及，但事後回看，有跡可尋。

　　「一國兩制」自回歸以來因兩制差異及兩地融合之痛（見第 5 章），產生了不少矛盾，而普選進程受挫、港人身份困惑，乃當中死結。2014 年違法「佔中」令局面惡化，港人排「內」（地）日甚，中間政治式微，這是大環境。「一國兩制」本乃制度妥協，須兼容差異，例外與融合並行，否則水清無魚。但回歸後不少人忘記了歷史，形成長期未解之結。

　　中央政府對香港基本政策，自上世紀八十年代以來一直未變：即香港不能亂，必須駐軍，並須自行立法維護國家安全；對香港的管治權是完整的，由中央授權特區內部自治，不存在主權治權分割，不存在剩餘權力，此乃 2014 年關於中央「全面管治權」宣示的基礎。中央堅持循序漸進實現《基本法》規定雙普選目標，以及其對行政長官有實質任命權。

　　2003 年《基本法》23 條立法之爭乃第一轉捩點，不少港人怕失去自由，中央則疑港人不愛國、不重視國家安全，故引入中央

主導的政改「五部曲」。[4] 2014 年泛民發動「佔中」，中央強力反制，一場爭普選之運動，異化為泛民跟北京鬥爭、分離主義蔓延的惡性循環。因近年美國策動「圍中遏華」，中央不再視香港政爭為泛民 vs. 建制的博弈，而是有外力插手的政權爭奪戰，這是第二轉捩點。反修例風波後，中央認定香港失控，「止暴制亂」壓倒一切。泛民與北京勢不兩立，中央視之為美國前哨，且懷疑特區政府及建制派能否駕馭港局，唯有中央上陣，不若從前客客氣氣，此為第三轉捩點。激進抗爭派旨在「攬炒」、把局面推向懸崖，以刺激國際反應、圍攻中國，中央視香港局勢危及國家主權和安全。

從對北京及特區政府已有了定型看法和立場的抗爭者角度言，2019 年的抗爭，不只停留在反修例，而是終於從 2014 年「佔中」和「傘運」後的挫折中走出來，昇華至一個被行動和想像構建而成、「面對中共強權的反抗共同體」，使「香港」的身份政治取得前所未料的獨有新定義，且為不少海外媒體和網上世界予以肯定及推廣；用他們其中一種論述說，「重新定義了香港在世界上的重要性，不是舊獅子山精神那種『自力更生』、『東方之珠』、『經濟城市』……」。[5]

---

4 根據《基本法》及全國人大常委會 2004 年的《解釋》，修改行政長官及立法會的產生辦法的程序為：（1）行政長官向全國人大常委會提交報告，請全國人大常委會決定兩個選舉產生辦法是否需要進行修改；（2）全國人大常委會決定是否需要進行修改；（3）特區政府向立法會提出修改議案，並經立法會全體議員三分之二多數通過；（4）行政長官同意經立法會通過的議案；及（5）行政長官將有關法案報全國人大常委會，予以通過或備案。此稱政制發展「五部曲」。

5 馬嶽：《反抗的共同體：二〇一九香港反送中運動》，台灣：左岸文化，2020 年。

　　修例一石激起千重浪，從前的一切都在翻天覆地。過去兩年，香港充滿對立、分裂、暴力與仇恨，立場重於真相，理性步入黃昏，幽靈放了出來就回不去。信任缺失之下，官民形同陌路，共識政治瓦解，怎有民氣去尋求革新？就深層次問題，不應混淆「港人治港」的結構性矛盾和任何地區皆須面對的社會分配問題，派錢買不回政治上失掉的民心。港區國安法予美國「介入」香港，提供進一步輿論和政策台階，香港夾在美中「修昔底德」角力中，[6] 政治前景將更為動盪（見第 7 章）。政法界爭議中央直接立國安法對「一國兩制」的衝擊，實情卻是特區走到今天的困局，驅使北京作出這個選擇；而新選舉制度也改變了原有的政改路徑。

　　從修例風波變質為動亂及政權爭奪戰，折射出社會政治張力下互信失落及人心脆弱，以至產生誤判和脫軌，最終導致回不了頭的困局。今後每一步都在書寫香港的命運，不少人擔心「一國兩制」前景。當靈魂漸遊走出「一國兩制」軀殼，特區主政者不善於疏導，而抗爭話語充斥着右翼民粹主義的「恐懼的政治」，那麼在生活失常、經濟受創、民主停滯下，處身於夾縫的普羅百姓及年輕一代怎能有自信、看好未來？就算能避過終極式攤牌、悲劇收場，但維持現狀也只等於長期僵局、悲情戰勝希望而已。因此各方更切忌一時誤判和情緒指揮腦袋，而導致自我應驗的預言，不幸成真。

6　「修昔底德陷阱」（Thucydides Trap）認定，新興強國威脅到現有強國的國際霸主地位時，導致戰爭傾向，以描述美國與中國之間的潛在衝突。見 Graham Allison, "The Thucydides Trap: Are the U.S. and China Headed for War?", *The Atlantic*, New York, 24 September 2015。

參考閱讀

- 《調查委員會條例》，香港法例第 86 章，https://www.elegislation.gov.hk/hk/cap86!en-zh-Hant-HK。

- 佚名：〈粉碎香港顏色革命，嚴懲暴恐勢力，堅決捍衛國家統一〉，《紅旗網》，2019 年 7 月 17 日，http://www.hongqi.tv/mzdxueyuan/2019-07-17/15772.html。

- 新華社：〈止暴制亂、恢復秩序，是香港當前壓倒一切的急迫任務：國務院港澳辦和中央政府駐港聯絡辦共同舉辦香港局勢座談會〉，人民網─《人民日報》，2019 年 8 月 8 日，北京，http://cpc.people.com.cn/BIG5/n1/2019/0808/c419242-31282277.html。

- 中國共產黨：《中國共產黨第十九屆中央委員會第四次全體會議公報》（2019 年 10 月 31 日中國共產黨第十九屆中央委員會第四次全體會議通過），新華社，2019 年 10 月 31 日，北京。

- 中國共產黨：《中共中央關於堅持和完善中國特色社會主義制度、推進國家治理體系和治理能力現代化若干重大問題的決定》（2019 年 10 月 31 日中國共產黨第十九屆中央委員會第四次全體會議通過），新華社，2019 年 11 月 5 日，北京。

- 香港民意研究所、公民實踐培育基金：《反對修訂逃犯條例運動：民間民情報告》，2019 年 12 月 13 日，香港。

- 獨立監察警方處理投訴委員會（監警會）：《監警會專題審視報告：關於 2019 年 6 月起《逃犯條例》修訂草案引發的大型公眾活動及相關的警方行動》，2020 年 5 月 15 日，香港。

- 馬嶽：《反抗的共同體：二〇一九香港反送中運動》，台灣：左岸文化，2020 年。

- Zuraidah Ibrahim and Jeffie Lam, *Rebel City: Hong Kong's Year Of Water And Fire*, World Scientific Publishing Co. and South China Morning Post Publishers Limited, June 2020.

第二部分　剖析

第 *4* 章 | 特區管治的難題

　　2007 年 6 月，我應邀為進一步多媒體出版的「一步十年」撰寫有關回歸十年反思的小書，書名《管治香港的難題》，[1] 回顧十年走過的管治之路及當中的利害得失，剖析特區管治之難。當年還是有比較理性討論空間的年代，書中探討九七回歸祖國以來的主要挑戰，包括制度和其他方面的變與不變的困惑、管治體制內部的不斷張力、行政權力的逐步空洞化，以及「愛國」和如何面對「一國」等問題。

　　我當時寫道，特區管治之難處，「既在於政治體制內部關係尚未理順，於是政不通、人不和，也在於香港尚未好好界定自己在中國發展的大氣候中的對策，以至香港長遠的政治身份定位仍待確立」，做成「港人治港」舉步維艱、市民對特區政府信任不足。因此，邁向良治，須進行幾項要務：重建政治信任；正視「識別政治」（politics of identity，或曰身份政治）以疏理本土文化身份；並且逐步建立良性互動的黨派和議會政治。

1　張炳良：《管治香港的難題：回歸十年反思》，香港：進一步多媒體，2007 年。

2019 年政治攤牌，原有體制走不下去

另一個十年過去，至 2017 年中我離任上屆梁振英政府之局長崗位時，深感從前分析的局面未見改善，且因政制改革、雙普選及國家融合（包括國民身份認同及國民教育）等問題未有好好處理和解決，「兩制」之間的張力及中央與本土之間的矛盾未能妥善疏導，再經 2014 年泛民發動「佔中」、全國人大常委會同年的「8.31」政改決定、2015 年就 2017 年行政長官普選方案的拉倒，政治對立、泛民主派和建制派陣營內部分化及極端化，已成箭在弦上之勢。

2017 年 7 月林鄭月娥接任特首，不少人（包括部分主流泛民人士）原以為有利於重啟政治對話、促進和解。的確，新一屆政府開局大致良好，人們戾氣稍為收斂，中央官員也展示善意，已有一些泛民人士就「佔中」進行反思。殊不料兩年後因一場「失控」的修例風波，弄至內外矛盾全面交叉大爆發，就好像一大堆早已放在一起的乾柴，遇到火種一樣，星火燎原，情景極如上一章提及的 O'Leary 太太的故事，燒向香港這座人人（包括內地）珍惜的城市。

2019 年 6 月底起，自決派衝擊警察總部、立法會和中聯辦等機構，挑戰國家主權，企圖癱瘓社會，使中央政府認定抗爭已經變質，堅決「止暴制亂」，對泛民主派無法與自決派的「攬炒」式抗爭和暴力衝擊手段切割，感到不解，遂展開強烈反制，香港的政治路徑由此改寫。2020 年 7 月實施由全國人大常委會通過的《港區國家安全法》，特區進入所謂後國安法年代，對人們的心態和官民關係所產生的影響，遠大於國安法的條文規範。

全國人大常委會隨即於 11 月 11 日通過決定，確立對特區立法會議員喪失資格（DQ, disqualify）的四項標準，即「宣揚或者支

持『港獨』主張、拒絕承認國家對香港擁有並行使主權、尋求外國或者境外勢力干預香港特區事務，或者具有其他危害國家安全等行為」[2]特區政府旋即 DQ 四名原本打算參選下屆立法會而被選舉主任取消候選資格的在任議員，引致其他十五名泛民議員「總辭」，反對派陣營悲情加劇，更揚言議會式政治已成過去[3]但中央認為，特區回歸以來出現的很多問題，特別是以非法「佔中」去逼迫全國人大常委會收回 8.31 決定、爭取「真普選」，以及修例風波演變成社會動亂，並引入境外和外國勢力干預，構成實質的「顏色革命」，已對「一國兩制」造成嚴重傷害，危及國家安全。

2020 年 11 月 17 日，特區政府舉辦《基本法》頒佈三十年法律高峰論壇，以「追本溯源」為主題，應邀主講的中央官員和前

---

2 全國人大會常委會作出關於香港特區立法會議員資格問題的決定，包括：（一）香港特別行政區立法會議員，因宣揚或者支持「港獨」主張、拒絕承認國家對香港擁有並行使主權、尋求外國或者境外勢力干預香港特別行政區事務，或者具有其他危害國家安全等行為，不符合擁護中華人民共和國香港特別行政區基本法、效忠中華人民共和國香港特別行政區的法定要求和條件，一經依法認定，即時喪失立法會議員的資格。（二）本決定適用於在原定於 2020 年 9 月 6 日舉行的香港特別行政區第七屆立法會選舉提名期間，因上述情形被香港特別行政區依法裁定提名無效的第六屆立法會議員。今後參選或者出任立法會議員的，如遇有上述情形，均適用本決定。（三）依據上述規定喪失立法會議員資格的，由香港特別行政區政府宣佈。

3 2020 年 7 月 31 日，特首林鄭月娥宣佈因疫情嚴峻而把原定於 9 月 6 日舉行的立法會換屆選舉押後約一年。由於《基本法》第 69 條訂明，立法會除第一屆任期為兩年，每屆任期四年，因此，現屆立法會任期須於該年 9 月 30 日結束，特區立法機關將在第七屆立法會產生前出現空缺。為解決這問題，特首向中央政府呈交緊急報告，尋求支持和指示。2020 年 8 月 11 日，全國人大常委會決定讓第六屆立法會全體議員延任，繼續履行職責不少於一年，直至第七屆立法會任期開始為止；決定並明確香港特區第七屆立法會依法產生後，任期仍為四年。但三個月後，特區政府要求並按全國人大常委會 11 月 11 日最新決定，取消早前參選第七屆立法會選舉被選舉主任裁定不合資格的四名泛民議員的議員資格。官方解釋此乃處理兩個不同問題的不同決定，但泛民解讀為「先縱後擒、引入圈套」的陰謀，因而反彈強烈，認為乃不能承受的最後一根稻草。

官員的發言，勾勒出了北京對香港的態度和政策的重大變化。全
國人大常委會法工委副主任兼香港基本法委員會副主任張勇，在
論壇座談會上申明中央針對香港維護國家安全三條不容觸碰的底
線，即危害國家主權安全、挑戰中央權力和《基本法》權威，以
及利用香港對內地作滲透破壞。他說過去三十年來，中央反覆強
調三條底線，「但有個別人士充耳不聞，甚至在行動上背道而馳，
愈行愈遠」。香港基本法委員會前主任喬曉陽在論壇表示，內外敵
對勢力已經造成香港長時間亂局，2019 年修例事件愈演愈烈，嚴
重危害香港經濟、繁榮穩定，和嚴重危害國家安全，突破了「一
國兩制」底線，中央政府「一忍再忍，忍無可忍，不能再忍，再
忍下去就要犯歷史性錯誤」。

　　國務院港澳辦常務副主任張曉明 [4] 在論壇上指出，全國人大常
委會決定為特區政府取消議員資格提供堅實法律基礎，為日後議
員資格定下「愛國愛港者治港，反中亂港者出局」規定，乃「一
國兩制」下的「政治規矩」，現已成為「法律規範」。按鄧小平在
1984 年的說法：「港人治港有個界限及標準，就是必須以愛國者為
主體的港人來治理香港……愛國者的標準是，尊重自己的民族，
誠心誠意擁護祖國恢復行使對香港的主權，不損害香港的繁榮和
穩定。」[5] 張曉明又說，在香港社會崇尚的民主、自由、人權等核

4　張曉明原為國務院港澳辦主任，但修例風波後，國務院於 2020 年 2 月 13 日宣佈，
　　任命全國政協副主席兼秘書長夏寶龍出任港澳辦主任，張曉明改任分管日常工作的
　　常務副主任。

5　鄧小平於 1984 年 6 月會見香港各界訪京人士的〈一個國家，兩種制度〉講話。他
　　談到：「港人治港有個界線和標準，就是必須由以愛國者為主體的港人來治理香港。
　　未來香港特區政府的主要成分是愛國者，當然也要容納別的人，還可以聘請外國人
　　當顧問。」自此之後，「以愛國者為主體的港人治港」，成為中央治港的既定政策。

心價值之前，應當加上「愛國」一詞，「既要講求同存異，又要講堅守底線，要看到底線守得愈牢，政治包容空間愈大」。有論者認為，中央面對反對派各種所作所為、「愈玩愈大」、過了可容忍的底線後，已不再奉行「可免則免」的自制，轉為連環出擊，並把過去對香港認識的體系再更新和糾正，然後再定下策略。[6]

2021 年 2 月 22 日，全國政協副主席、國務院港澳辦主任夏寶龍出席全國港澳研究會網上研討會，發表權威性講話，為「愛國者治港」原則定調。他說，愛國者主要表現在三個「必然」：真心維護國家主權、安全、發展利益；尊重和維護國家的根本制度和特區的憲制秩序；及全力維護香港的繁榮穩定。肩負重要管治責任的人，須達到四點要求：全面準確貫徹「一國兩制」方針；堅持原則、敢於擔當；胸懷「國之大者」；及精誠團結。夏寶龍表示，落實「愛國者治港」原則需多措並舉、綜合施策，其中最關鍵、最急迫的是要完善制度，特別是選舉制度，確保香港管治權牢牢掌握在愛國愛港者手中；為此，必須堅持五項原則：嚴格依照憲法和《基本法》辦事；尊重中央的主導權；符合香港實際情況；落實行政主導體制；及有健全的制度保障。至 3 月 11 日，十三屆全國人民代表大會第四次會議通過《關於完善香港特別行政區選舉制度的決定》（第 9 章再談）。

無論是從香港內部去看，或者以中央今天的立場而言，香港已過了回歸以來長期政治糾纏、蹉跎的臨界點，回不了過去。但是，唯有全面和較客觀地總結以往的管治深層次缺陷，才有助走出低谷，重新出發，再建未來。在本書這第二部分，我會嘗試從

---

6   張志剛：〈由可免則免到應用就用〉，《明報》，2020 年 11 月 19 日。

不同角度和切入點，較有系統地剖析特區的深層次問題如何削弱
政治體制的綜合管治能量，令對立與衝突不斷困擾和撕裂社會，
使北京與香港本土（特別有六成民意支持的廣義泛民主派陣營）
逐步失去互信，致難以走出惡性循環的怪圈。

　　本章先概括地分析，特區管治按《基本法》設計的原來設想
與政治現實的落差及不銜接，從而構成「港人治港」實踐上的缺
陷。往後幾章分別討論：「一國兩制」下的關係，及由此而引致促
進融合和保持例外之間的徘徊與不自在（uneasiness）；回歸以來香
港社會深層次矛盾的惡化，引來原有之香港夢難以為繼及中產「下
流」化產生的徬徨，特別是新世代在日益高漲的身份政治驅動下
的焦躁，從而衍生怕「被融合」、「被規劃」及「失去（原來的）
香港」的敵視內地的情緒；反全球化思潮帶動各國「經濟國族主
義」（economic nationalism）和極端民粹主義的冒起與泛濫，而香
港 2019 年起的政治對峙及動亂，遇上美中「新冷戰」和全球地緣
政治劇變促成質變，以及中央強力反制下，引進港區國安法所啟
動的新特區政治秩序及其深遠含意。

　　綜合衝擊下，香港的命運從此轉軌。無論是特區政府、建制
派或泛民反對派，均須好好反思，往後道路如何走下去。

「一國兩制」下的治港構想

　　上世紀八十年代，鄧小平提出「一國兩制」概念，經濟上高
度肯定香港的成就，以及其接連、面向世界的「窗口」作用，期
望在回歸祖國後得以保留，使對國家的改革和現代化有所貢獻，

他更曾鼓吹內地「多建幾個香港」，可見當時香港作為「經濟城市」對國家的魅力。不過，與此同時，政治上鄧小平也堅持「愛國者治港」，中央最終不能不管香港，故對回歸後特區的管治也有基本定調，不走西方民主的道路，並堅持國家駐軍香港，體現主權。

因此，承繼百多年港英殖民地管治下「行政主導」體制的路徑依賴，再加上中央「維持現狀」、經濟上善用香港優勢的指導方針，遂大致上決定了特區的政制（政權建設）方向。英治時期，香港能創造經濟奇蹟，靠自由、法治和國際化三大支柱，此乃八十年代中英談判和後來《基本法》致力保留的原有制度特色，亦即於香港快將回歸前，全國政協時任主席李端環所說老茶壺的茶漬。

港英管治香港的成功，也有賴晚期相對高效廉潔的公務員文官制度，但當中並無「民主」元素，只有所謂「諮詢式政治」。英國在 1984 年與中國達成九七「交回」香港的《中英聯合聲明》之後，展開其非殖化部署，意欲透過代議政制的發展，逐步把治權移交它有份培植的港人，亦即原有的官僚系統和工商專業建制精英，因而有一段時間引來中英之間關於「還政於民」還是「還政於中」的爭論，1985 年底，時任新華社香港分社社長許家屯（相當於今天中聯辦主任）更針對英方部署狠批「有人不按本子辦事」。

當時備受港英及北京雙方器重的一些智囊，便曾主張把一個由英方主導的原有精英構成的政治秩序，轉為由中方主導的特區政治秩序，使得以順利完成政權過渡，不用透過選舉全面開放政制，也不用依賴任何政黨。在限制普選議席之同時，北京對持外國國籍之本地和外國居民（當中包括部分行政和工商專業精英）的參政權利，卻多所包容，以凸顯香港的國際性；早期打算容許

外國籍居民出任特區立法會議員，只規定行政長官、主要官員及立法和司法機關之首須為中國公民，但 1989 年「六四」後因英國引入「居英權」予五萬名本地精英（包括公務員）及其家人，北京收緊限制，才在《基本法》中規定持外國護照或外國居留權者最多佔立法會百分之二十議席（之後按本地立法限於一些個別功能組別議席）。

　　九七前之過渡期間，中英曾合作穩住和培養既有精英，故有所謂「直通車」構思，而港英於八十年代中推出代議政制時引入「功能界別」，作為延續並擴大精英參政制度，中方也取為己用，且按其邏輯發展成為「大選舉團」概念（即「選舉委員會」），去推選行政長官和（回歸初期）部分立法會議員。在末代港督彭定康的政改方案被指違反過去雙方外交理解而失掉互信之前，中英兩國也曾有共同培養特區首任行政長官之想，在九七前以副總督身份為順利接管總督權力作準備。彭定康政改風波做成中英爭拗，中方「另起爐灶」，決定設立臨時立法會，拉倒「直通車」安排。但後來特區的首屆政府主要官員和司法人員，基本上仍沿用原任者，維持高度的延續性。

　　北京欲見的特區政權，乃政治上安全（「愛國愛港」），並延續原有港英的「行政主導」體制。那時一些智囊之立論，乃基於大部分港人政治冷感、只求安定的前設，而嚴重低估回歸後新的「港人治港」觀念推高普羅民主意識的作用，亦低估過渡期因應九七回歸及有限度議會選舉所衍生的群眾政治動員和組黨結社的趨勢。而且，內地八九民運及「六四」風波，也直接強化了一些港人（包括部分民主派）的「民主抗共」思維，在回歸後藉不同事件及爭議持續發酵。不過，北京接受有一定社會代表性的民主

派繼續存在、參與議會作為體制內反對派，亦於回歸後容忍支聯會（全名：香港市民支援愛國民主運動聯合會）的活動，對時任支聯會主席司徒華的定性是「反共、愛國」。

《基本法》採行政主導制

英治時期按殖民地統治方式，實行總督專權體制，憲制上不存在「三權分立」。

十八世紀法國哲學家孟德斯鳩（Montesquieu）反對王權專制，倡議行政、立法和司法三權分屬不同國家機關、權力均衡互相制約的「三權分立」（separation of power）憲制概念。歷史上美國立國共和，率先採用「三權分立」為制憲原則。至於英國，則長期實行「議會至上」（稱西敏寺模式〔Westminster system〕，英聯邦國家如加拿大、澳洲、印度等國皆採用），由多數派控制議會並組織政府內閣，行政立法合一，且上議院的法官貴族（Law Lords）行使司法終審權，直至 2009 年才設立獨立的最高法院。西敏寺模式實屬行政（政府內閣）主導。歐陸國家也大多實行國會內閣制，法國則採用總統制和國會內閣制的混合體制，但總統權力突出。從政治學角度言，其實世界各地管治體制皆為一定程度上的行政主導，而美國總統制具行政及立法機關雙重創制特色，互相制衡，國會的立法權比議會內閣制為大。

港英的「行政主導」，既因其總督專權體制，也受英國本身「行政主導」傳統所塑造。已故香港大學政治學教授邁樂士（Norman Miners）曾形容殖民地總督的憲制權力近乎獨裁者（autocrat）。[7] 總督制下行政立法兩權合一，總督委任所有法官，以及所有立法局議員，同時擔任立法局主席（直至九十年代初）。1985年代議政制推行後，立法局仍以委任議員（官守及非官守）為多數，延續行政立法兩局議員混合辦公制，確保行政主導，直至1992年彭定康總督任內，才由立法局設立另一套與政府不同政策範疇對口的「事務委員會」（policy panels）制度。

　　不過，殖民地體制的運作也受英國議會制所影響，例如立法局的議事常規參照英國國會程序，公共法案提案權屬於政府；立法局設立政府賬目委員會（Public Accounts Committee）跟進審計報告，仿效英國國會。1985年通過《立法局權力及特權條例》，也是循英國國會做法。日常操作上，行政、立法和司法機關各有職能，而司法獨立乃英國法治精神之本，所以常對外稱實行三權分立、行政不介入司法，但在麥理浩總督期間曾出現罕例，委任一位曾任職律政司署的前布政司（等於今天政務司司長）羅弼時（Denys Roberts，1973－1979年在任），出任首席按察司（1979－1988年在任），相當於今天特區終審法院首席法官。

　　八十年代中英談判，英方推崇香港「行政主導」長期行之有效，中方照單全收，認為可確保中央對特區有全面領導，故規定行政長官和主要官員須由中央委任，反而對立法會議員和首席法官均無此要求。《基本法》起草初期，起草委員會委員（草委）間及社會上曾一度提出以三權分立為特區政制其中一個原則，但在1987年被鄧小平否定，他當時說：「香港現在就不是實行英國的

7　Norman Miners, *The Government and Politics of Hong Kong*, 5th edition, Hong Kong: Oxford University Press, 1991, p. 69.

制度、美國的制度，這樣也過了一個半世紀了。現在如果完全照搬，比如搞三權分立，搞英美的議會制度，並以此來判斷是否民主，恐怕不適宜。」[8] 鄧小平的說法可從三方面解讀：（1）儘管要推行「一國兩制」，但畢竟中國實行共產黨領導的社會主義體制，而中共不認同西方民主或全盤西化（1987 年適值中共展開「反資產階級自由化」），故不同意香港照搬西方民主的一套；（2）北京接受了香港當時已實行百多年的「行政主導」體制，認為有利於穩定繁榮、行政高效；（3）北京不接受英國或美國的議會制或「三權分立」制。

初時有關政制模式的爭議，環繞着所謂「行政主導」（以行政長官為權力中心，近似總督制的延續）、「立法主導」（以立法機關為中心，指西敏寺模式，由議會產生政府）和「行政主導、分權制衡」三大方向。內地草委強烈反對「立法主導」，後來意見漸聚於「三權分立、互相制衡」，連工商建制派早期的「57 人方案」也以此為目標。1987 年 4 月鄧小平否定「三權分立」後，草委紛

---

8 鄧小平：〈會見香港特別行政區基本法起草委員會委員講話〉，1987 年 4 月 16 日。全段講話是：「香港的制度也不能完全西化，不能照搬西方的一套。香港現在就不是實行英國的制度、美國的制度，這樣也過了一個半世紀了。現在如果完全照搬，比如搞三權分立，搞英美的議會制度，並以此來判斷是否民主，恐怕不適宜。對這個問題，請大家坐到一塊深思熟慮地想一下。關於民主，我們大陸講社會主義民主，和資產階級民主的概念不同。西方的民主就是三權分立，多黨競選，等等。我們並不反對西方國家這樣搞，但是我們中國大陸不搞多黨競選，不搞三權分立、兩院制。我們實行的就是全國人民代表大會一院制，這最符合中國實際。如果政策正確，方向正確，這種體制益處很大，很有助於國家的興旺發達，避免很多牽扯。當然，如果政策搞錯了，不管你什麼院制也沒有用。對香港來說，普選就一定有利？我不相信。比如說，我過去也談過，將來香港當然是香港人來管理事務，這些人用普遍投票的方式來選舉行嗎？我們說，這些管理香港事務的人應該是愛祖國、愛香港的香港人，普選就一定能選出這樣的人來嗎？」

紛改說「行政立法互相制衡，司法獨立」。同年 8 月，內地草委許崇德在草委會大會上表示，「我們要設計的是一種具有香港特色的政制模式。這種新的政制模式，決不是簡單地用什麼『立法主導』、『行政主導』或者『三權分立』之類的名詞足以概括它和說明它的」。[9] 草委會最後對特區政制設計的表述是：「行政立法互相制衡、互相配合，司法獨立」。

全國人民代表大會 1990 年 4 月通過《基本法》時，未正式用「行政主導」字眼，當時草委會主任姬鵬飛只說明「保持原政治體制中行之有效的部分」。至 2007 年，全國人大常委會委員長吳邦國才表明，香港特區「政治體制的最大特點是行政主導」。特區的三權依《基本法》來自全國人大授予（第 2 條），行政長官為特區首長，向中央人民政府和特區負責（第 43 條）。《基本法》只規定行政機關而非行政長官向立法機關負責（第 64 條規定負責的具體方面）。中央政府透過特首治理特區，可向特首下達指令，上下從屬關係十分清楚。

不過，憲制上特區雖不實行「三權分立」制，不等於沒有任何三權分立的元素。行政立法互相制衡、司法獨立，便有一定的三權分立概念，但按《基本法》規定，特首和行政機關的權力明顯大於立法機關，特別是立法提案權方面。在較極端的情況下，立法會可藉經解散重選後仍否決財政預算案或其他重要法案迫使特首辭職（第 52 條），又可對特首違法瀆職進行獨立調查及提出彈劾案（第 73（9）條）。《基本法》條文清楚區分行政管理、立法、司法三種權力，三權機關各依法構成、互不重疊（雖然立法會議

9　香港《大公報》1987 年 8 月 26 日報道。

員可兼任行政會議成員）、互不從屬，故三權確是分立、分開、各司其職，常人（layman）或會理解為廣義的三權分立。就算西方政體，也不存在單一模式的「三權分立」。英國和美國的安排便截然不同，跟德國、法國的也不一樣；英美法院有司法審查權，德法另設憲法法院行使違憲審查權。也難說孰優孰劣，因各地政治體制沿革及憲制文化不一，而制度往往由歷史路徑決定。

形名之爭，由來已久，戰國時代公孫龍提出「白馬非馬」，近似英文 specific（具體）不等同 generic（通類）之意。按此，此「三權分立」不同彼「三權分立」，縱有三權分立一般元素，也不等同存在有特定憲制涵義的「三權分立」體制，反之亦然。2020 年中，香港曾就「三權分立」問題引起一段政治紛爭，特首林鄭月娥說香港從來沒有三權分立，被反對派攻擊為制度倒退，法律界人士擔心司法獨立不再。其實，糾纏於抽象或抽離於《基本法》的「三權分立」或「行政主導」爭論，或是把論點推向極端、簡化為「有」「無」之爭，意義不大，反會愈辯愈不明。焦點反應放在特區在落實「行政立法互相制衡、互相配合，司法獨立」的憲制原則時，究竟成效如何。

回歸後管治體制張力不斷

《基本法》的政制設計，重於維持現狀、延續過去路徑。港英至八十年代的統治特色主要是：行政主導、行政機關官僚（政務官系統）主導、精英整合、官商共治（synarchy）、逐步開明、以施政績效取悅及取信於民。與此同時，也是弱制衡、弱社會的形

態，不少制約行政權力的安排，乃進入九七回歸前的過渡期才陸續引進，包括：開放議會選舉、立法局獨立化、強化審計署及立法局政府賬目委員會、設立人權法和申訴專員、制定《公開資料守則》、成立平等機會委員會等，以體現公眾參與及公平、公正、公開。

回歸後體制雖未有大變，但上述過渡期內的內部改革，再加上區議會、兩個市政局（1998 年廢止）及立法會開放選舉帶來擴大政治動員、政團冒起（一些更蛻變為政黨）、媒體政治活躍，使整體政治生態今非昔比。董建華特首年代雖然抱極大改革雄心，惟日益受困於體制所限，再適逢亞洲金融風暴重創經濟，以至最後因《基本法》23 條立法風波而陷入嚴重管治危機，黯然下台。當時困擾管治的有四大張力 —— 新舊精英之間、兩種政治負責／忠誠之間（對中央 vs 對特區）、兩種行政主導思維之間（原有高級官僚 vs 特首及其行政會議），以及行政立法兩權之間。

2002 年中董建華特首引入政治委任主要官員問責制（其後曾蔭權特首於 2008 年再增設政治委任的副局長和政治助理，使政治團隊成為三層制），雖確立了特首及其政治班子主導、實質上把特首定於一尊的體制（類似美式總統），卻做成行政會議及政務官系統弱化及制度上尷尬之局。若中央與本土不存在根本性矛盾，兩種政治忠誠之爭不應構成大問題，主要考驗特首的「平衡」功力，但遇上持續衝突做成對立時（政改、國安立法及 2019 年逃犯條例修例爭議），特首若被視為只服從中央而未有好好回應本土民情，民間信任自會下降，削弱其施政能量。

特區政制上，行政立法關係未有落實到《基本法》制定「行政立法互相制衡、互相配合」的期望。港英時代，總督權力至上，

行政立法合一，政府有效控制和領導立法機關按行政意願行事，但踏入代議政制階段，已不能簡單地心想事成。到了九十年代，特別是行政立法兩局在彭定康下正式分家後，官員開始需花力氣做遊說民選議員和新興政黨的工作，但政府傳統下來的官僚威嚴仍在。

回歸後，特首雖有中央加持，但特區政府有權無票（民眾票、議會票），議會黨派有票卻無實權。政府也缺乏執政黨支撐及提供動員和聯繫普羅民眾的網絡與基礎，就算是建制派也不視自己為執政黨派，部分最多也只是像西方議會執政黨內時有小動作的後座議員而已，因為他們知道，不批評政府、凡事支持政府便拿不到選票，而議會選舉不是去選一個政府，而是選監察和制衡政府的力量。中央一直不容許特首屬於政黨，或有兩重考慮：（1）特首地位凌駕於本地黨派和階層利益，要從特區大局行管治之責；（2）從國家憲法言，中共乃於全國執政，港澳地區也不例外，若說香港由某政黨執政，又如何與國家的黨國憲政秩序銜接？

政治議價既看權力，也繫於政治威望與資源。特首既非民選，缺乏本土認受性權威，卻要行政主導；立法會有民選賦予的代表性，卻在憲制作用上備受矮化，根本無法達至對等的互動和政治談判，長此下去只會互相挫敗。港英年代總督專權，殖民地官員依賴各界傳統利益的「代理人」或「中介者」，實行被稱為「行政吸納」的諮詢式共識政治，但回歸後選舉政治抬頭、黨派競爭日烈，共識政治漸已無以為繼。各部門諮詢委員會影響社會輿論和民意的能力有限，曝光也不多，媒體及公眾都聚焦於立法會議事堂，議會才是政治舞台。

特首除了缺乏民選基礎外，目前依法也不能持有政黨連繫和

身份，大大削弱其在本土的政治能量，名義上只能靠中央賦予的官方認受性，但過分依賴中央在本土政治上有時會成為負面包袱，且把中央拉進種種不關乎國家主權和國家安全的本土黨派政爭和行政立法博弈中去。從中央立場言，不願見到本土政爭角力危害到整體特區的政治穩定，不過政治歸政治、凱撒歸凱撒，本土政爭應靠本土政治過程去解決，這也是「港人治港」應有之義。

議會選舉必然衍生政黨政治，可是政黨不能執政、只能吶喊，故建制及反對派皆走高叫價、爭短期施惠（如全民派錢）的議政路線，而泛民反對派更樂於走肢體抗爭及拉布技倆，以爭奪媒體鎂光和民眾眼球，向各自支持者交代，但如此發展下去只會使議會政治劣質化。一個為求選票而無用（無法）當家當政的政黨，必然走譁眾、民粹、無需負責任的道路，因為制度使其失去履行責任政治的誘因。行政立法對立不是問題，議會交鋒尖銳也不是問題，辯論的質素和問政的水平才是關鍵。

議會政治也包含十八個地區區議會，它們不是內地或其他國家般的小區政府或基層自治機關，沒有行政職能，只具地區諮詢角色，有點兒像雞肋（食之無味，棄之可惜也）。但由於區議員絕大多數為小區普選產生（新界地區屬鄉事委員會主席的當然區議員除外），屬政治性民意代表，不會肯自限於被動式諮詢地位，反而設法影響政府的地區施政和規劃，開打各種議題和訴求。實際上，近年區議會已脫離政府民政總署的軟行政管控，不若八十年代初期的地區社情反映平台，在政黨化下逐漸成為各政黨在地區吸票和動員造勢的樁腳，各黨派區議員更進一步左右其黨高層和立法會議員投票方向，構成「農村包圍城市」之勢。

2019 年 11 月，泛民及自決派在區議會換屆選舉大勝，拿下

十八區中十七個區議會的大多數議席，被媒體形容為地區「變天」，一方面使政府失去過去多年靠建制派在各區區議會佔多數所主導的地區民意，另一方面，泛民立法會議員也更受以激進「政治素人」為主的各區新型區議員聯手所施壓。泛民「總辭」立法會後，激進區議員失去用力點，但基本格局不變，關鍵仍在於香港往後的政治環境能否走出極端化，否則若有選舉，泛民和建制派從爭取選票考慮，皆會各自向黃、藍民粹主義靠攏。

時至今天，特區政府已陷入於各方受壓受制的困局，領導力與威信不彰。一日不實行依《基本法》提名機制規定的普選，特首的政治軟肋便一日無法拿掉；而特首欠缺威望，便難以政治上「保護」從外招攬的司局長人才（借用台灣政壇術語，即所謂「母雞」保護和照顧小雞的作用），從而做成惡性循環。外邊精英人才怕進入政府而遭政治抹黑打擊，致特首愈發依賴於官僚系統內選將，失去政治委任制原來引入新血、新思維的作用。政黨無法輸送執政人才，也令政黨停留於單維發展（問政要惡，爭取要多，但政策浮跨），成不了大將培育之土，特首愈難從中覓得可用之才。

2021 年 3 月 11 日第十三屆全國人大第四次會議，通過重構特區選舉制度，又設立特區公職候選人資格審查機制，以確保「愛國者治港」。[10] 透過改組較受中央政治上安心的選舉委員會（選委會）機制 —— 在原有 1,200 人的四大界別（即政界、工商金融界、

---

10 按其後 3 月 30 日全國人大常委會修改《基本法》附件一及二的決定，設立特區候選人資格審查委員會，依港區國安法下的特區維護國家安全委員會，按警務處國安部門的審查情況出具審查意見書，作出不受訴訟的決定，以保障符合「愛國者治港」的要求。

專業界及基層勞工等界）外，加入「全國人大、全國政協、有關全國性團體香港成員的代表」界別，以照顧國家利益，成 1,500人；並擴大選委會權力，選委會除提名及選舉行政長官外，還會選出擴大的立法會（70 席增至 90 席）較大部分議員及提名所有立法會候選人。選舉制度的大改動，不等於完全排除泛民主派參政的機會，但肯定不會讓其取得議會或行政長官選委會過半以左右政權的地位。將來任何進入管治體制的泛民主派人士，制度上均扮演「忠誠反對派」角色。

　　2021 年 3 月 30 日，全國人大常委會按授權修改《基本法》附件一及二所列行政長官和立法會的具體選舉辦法。[11] 立法會由選委會產生 40 席、功能界別 30 席、地區直選 20 席；參選者要在選委會 5 個界別各取最少 2 個提名。地區直選分 10 區，每區 2 席，得票最多的 2 人當選（即實行雙議席單票制）。有人基於選委會既選行政長官也選立法會大部分議員（並提名所有立法會候選人）的「同源」性功能，期望選委會能改善行政與立法關係、強化行政主導。這或屬一廂情願，不明現實政治操作。選委會雖然會設立召集人制度，負責必要時召集選委會會議，辦理有關事宜，[12] 但它並非有機有綱領的政治組織，而是鬆散的 1,500 人組合，易淪為討個

11　新華社：《中華人民共和國香港特別行政區基本法附件一：香港特別行政區行政長官的產生辦法》，新華網，2021 年 3 月 30 日，北京，http://www.xinhuanet.com/politics/2021-03/30/c_1127272948.htm；新華社：《中華人民共和國香港特別行政區基本法附件二：香港特別行政區立法會的產生辦法和表決程序》，新華網，2021 年 3 月 30 日，北京，http://www.xinhuanet.com/politics/2021-03/30/c_1127272954.htm。

12　總召集人由擔任國家領導職務的選委會委員擔任，總召集人在選舉委員會每個界別各指定若干名召集人。

人或小群利益、向行政長官和議員「尋租」的平台；選委會成員所代表的理念和利益紛雜，處理不善反會成為尾大不掉的包袱，政府的權力或會進一步淘空，離行政主導更遠。

政府班子缺乏選舉和政黨基礎，易退縮為「辦公室」施政，建立不了與廣大市民的有機連結，就愈容易在制定政策時「離地」，由行政決定考量，缺乏公共治理也須有的政治觸覺，以及「政治問題政治解決」的倫理和所需的能量和能力。修例風波暴露出來的，正是政府在這方面的誤區和缺陷。一年動亂，釋放出大小的魔鬼，內外矛盾總爆發，黃藍互鬥，仇恨泛濫，極端民粹主義扭曲和腐蝕香港過去引以為傲的公共制度，舊茶漬逐漸被洗掉。還原過去只屬迴避問題和挑戰，往後只有改革一途，但關鍵是香港應如何改革？是否仍有推動改革的能量？

大亂下，中央政府以國家力量進場，突出「一國」，重整特區秩序，但「止暴制亂」仍治不了深層次的管治矛盾。亂後求治，尤需社會和解革新，以贏回主流民心；互不信任下，殘局延續，愈難收拾。中央不採主動，內耗不止，焦點最終還須返回「兩制」的未來。有關回歸以來「兩制」張力及其惡化，下一章分解。

參考閱讀

- 張炳良：《管治香港的難題：回歸十年反思》，香港：進一步多媒體，2007 年。
- 劉兆佳：《回歸十五年以來香港的特區管治及新政權建設》，香港：商務印書館，2013 年。
- 劉兆佳：《回歸後的香港政治》，香港：商務印書館，2013 年。
- 新華社：《中華人民共和國香港特別行政區基本法附件一：香港特別行政區

行政長官的產生辦法》，新華網，2021 年 3 月 30 日，北京，http://www.xinhuanet.com/politics/2021-03/30/c_1127272948.htm。

· 新華社：《中華人民共和國香港特別行政區基本法附件二：香港特別行政區立法會的產生辦法和表決程序》，新華網，2021 年 3 月 30 日，北京，http://www.xinhuanet.com/politics/2021-03/30/c_1127272954.htm。

· Lau Siu Kai（劉兆佳）*Decolonization without Independence: The Unfinished Political Reforms of the Hong Kong Government*, Occasional Papers No. 19, Centre for Hong Kong Studies, The Chinese University of Hong Kong, Hong Kong, 1987.

· Anthony B. L. Cheung（張炳良）"Rebureaucratization of Politics in Hong Kong: Prospects after 1997", *Asian Survey*, Vol. 37, No. 8, 1997, pp. 720-737.

· Anthony B. L. Cheung（張炳良）"Policy Capacity in Post-1997 Hong Kong: Constrained Institutions Facing a Crowding and Differentiated Polity", *The Asia Pacific Journal of Public Administration*, Vol. 29, No. 1, 2007, pp. 51-75.

· Francis Fukuyama, "What is Governance?", *Governance*, Vol. 26, No.3, 2013, pp.347-368.

第 5 章 「一國兩制」下的不自在

　　港英年代，澳洲記者 Richard Hughes 曾於 1968 年著書形容香港乃「借來的地方，借來的時間」。九七回歸解決了前者，但就時間而言，仍留下問號。

　　反修例風波演變成一場年輕世代反叛建制的運動，他們對「制度不公義」憤怒，也懷疑「一國兩制」在變。坊間有分析說，「一國兩制」只五十年不變，年輕一代到 2047 年已屆中年，或要進入「一國一制」的終局，由於看不好將來，所以他們不計較「攬炒」、爭決於當下，而陰謀論者認定主政者一切都在為「一國一制」鋪路。令人目瞪口呆及痛心的，是仇恨和破壞迅速升級，以及極端主義主流化，原來我們一直安定與平和的社會竟可變得如此脆弱，深層次矛盾如此嚴重。

　　自 2017 年中起，國際評級機構已陸續下調香港的信貸評級。穆迪（Moody's）於 2017 年 5 月下調香港評級，由 Aa1 降至 Aa2；2019 年 9 月，展望評為負面；至 2020 年 1 月，再下調至 Aa3，展望調整為穩定。惠譽（Fitch）於 2019 年 9 月將香港評級由 AA+ 下調至 AA，展望評為負面；至 2020 年 4 月，再下調至

AA-，但展望為穩定。標準普爾（Standard & Poor's）則自 2017 年 9 月起，把香港評級由 AAA 下調至 AA+，之後一直維持，展望評為穩定。[1]

　　它們調低評級所持的理由，基本上是因為香港的體制和管治能力不及以往所估計，而且 2019 年以來持續的政治衝突，令「一國兩制」的範圍與韌性面臨考驗。林鄭月娥特首 2020 年 11 月發表《施政報告》，強調香港與內地進一步融合，惠譽表示，儘管可能會刺激香港經濟發展，同時亦凸顯香港經濟前景和信貸評級將愈來愈受到內地經濟所束縛，短期內兩地評級雖不會趨向一致，但若在融合過程中，香港的主要宏觀制度，例如獨立貨幣政策、財政框架和金融監管等的高度自治受到侵蝕，就會增加評級下調的壓力。說白了，是怕香港失去高度自主性、變為「一國一制」。

　　2020 年 7 月，全國人大常委會訂立《港區國家安全法》生效後，評級機構雖未見進一步調低香港的信貸評級，但也未有上調。不過，當時美國特朗普政府率先對香港展開制裁措施，取消按其九十年代《香港政策法》視香港有別於中國內地的特殊對待，並宣稱香港實已變作「一國一制」，左右西方國家對港態度，打擊國際上對「一國兩制」的信心。2021 年 3 月，美國傳統基金會（Heritage Foundation）公佈最新一期全球經濟自由度指數，香港首次被剔出評級，與澳門一起列入中國評分（即第 107 位），但

1　惠譽 2020 年 6 月 22 日表示，港區國安法會否進一步影響香港評級，視乎新法如何影響投資者對香港的觀感，當前仍言之尚早，但提醒若投資者因國安法而改變了對香港的看法，就有機會影響到香港的主權評級。標準普爾於 6 月 8 日指出，若港區國安法引來美國制裁，而行動打擊本港金融業，並引致經濟增長顯著向下，香港信貸評級可能會被下調。穆迪曾表示，調整評級主因是香港體制和管治能力不似預期，包括沒有展現具體計劃處理香港市民所反映的政治、經濟以及社會問題。

香港連續二十五年蟬聯首位，至 2020 年才被新加坡趕超而退居第二。[2] 儘管香港銀行體系沒有明顯的資金淨流出跡象，2020 年底共有 500 億美元資金流入港元體系，但移民潮再現必導致資金外流增加，[3] 舉例：路透社 2021 年 3 月 26 日引述加拿大財富交易及分析中心（FINTRAC）數據，2020 年由香港轉賬至加拿大資金達 436 億加元（約 2,693 億港元），乃 2012 年有記錄以來的新高，較 2019 年增加一成，較 2016 年增激近半（46%）。

實行「一國兩制」的大時代背景

上世紀八十年代初，中央領導人提出「一國兩制」，思維突破、不囿於教條，既能安定民心，順利解決香港回歸問題，又可利用香港經濟優勢，配合內地改革開放，促進國家的現代化及走進世界。當時主調是「兩制」，香港得以在很多方面享有「例外」。要明白中央決策的思考狀態，需了解國家在文革後的改革歷程。

文革後復出、以鄧小平為首的黨內改革派，主張打破以階級鬥爭為綱的左傾極端主義的束縛，把國家從經濟財政低谷、社會政治紛亂中拯救出來，所以提出「解放思想」、「實踐是檢驗真理的唯一標準」，而 1978 年 11 月中共十一屆三中全會有關推行改革開放的決定，乃撥亂反正的重要轉捩點。鄧小平強調「摸着石頭

2　傳統基金會解釋，2021 年的指數只計算了擁有經濟主權的獨立經濟體，將香港除名是為了表示，在經歷了 2019 年抗議後，北京對香港政策的影響力日益增強。

3　按政府統計處記錄，2020 年近 5 萬港人淨移出，乃自 2010 年以來的新高，不過淨遷移涵蓋香港居民以工作和就學等各種目的進出香港的流動。

過河」、「白貓黑貓，捉到老鼠就是好貓」，為改革開放注入全新的務實主義路線。

　　那時中共黨內存在被海外簡化地描述的改革與保守兩派、或「右」與「左」兩條路線之爭，實則古今中外所有大時代改革皆須面對新舊勢力、改革與保守的利益和思維之間的角力。見諸當年中共，儘管否定文革（「十年浩劫」）已成黨內共識，[4] 但如何去平衡經濟上開放與政治上堅持黨領導一切，[5] 仍一直困擾着改革之路。八十年代的政治改革及黨政分開之爭，後來演變成為「反資產階級自由化」批判，導致胡耀邦下台；趙紫陽接任總書記後，推動被批為去黨化的政改，又因 1989 年天安門民主運動，導致黨內重大分裂而下台。

　　1992 年鄧小平南巡，堅持「發展是硬道理」，重啟經濟改革開放的動力，但之前以黨政分家為主軸的政治改革已無以為繼。鄧小平不容許任何改革觸動中共的絕對領導地位，也不信西方式民主選舉，但他一直告戒黨內及國人，既要防右也要防左，「要警惕右，但主要是防止『左』」。他曾說，不應因怕蚊子蒼蠅飛入而不打開窗子。在此重溫八九十年代內地改革爭議的歷史，有利於更好地明瞭中共決定「收回」香港、國家恢復行使主權、實行「一國兩制」的大時代背景。

4　參閱 1981 年 6 月 27 日中共十一屆六中全會《關於建國以來黨的若干歷史問題的決議》。

5　後來確定為中華人民共和國憲法內的「四項堅持」。1979 年 3 月 30 日，鄧小平在中共黨內理論工作務虛會上指出：在中國實現四個現代化，必須在思想政治上堅持四項基本原則，這是實現四個現代化的根本前提。四項基本原則就是：必須堅持社會主義道路；必須堅持無產階級專政；必須堅持共產黨的領導；必須堅持馬列主義、毛澤東思想。

鄧小平領導下，中共提出「一國兩制」，初心是於國家統一的前提下，兩種制度長期共存、互相競賽、共同發展，誰也不吃掉誰。最早提出這概念乃針對台灣，表達兩岸統一下如何維持台灣現制現狀，但率先應用到解決香港 1997 年回歸祖國的安排，並於 1985 年經第六屆全國人大第三次會議確定為基本國策。關於五十年不變，鄧小平這樣說：「香港在 1997 年回到祖國以後五十年政策不變，包括我們寫的《基本法》，至少要管五十年。我還要說，五十年以後更沒有變的必要。香港的地位不變，對香港的政策不變……」，又說「那時候我不在了，但是相信我們的接班人會懂得這個道理的」。**6**

當時的邏輯是，內地已在改革開放，因此與香港在制度、社會文化上的差距，隨着歲月只會收窄。但實際上隔閡依然存在，而且近年互信減弱。為何如此，須予正視探究。

「一國兩制」下的張力和陣痛：融合 vs 分開

回歸二十多年了，兩制之間，張力持續，這既因未有好好理解「一國」，更涉及「兩制」在政治、體制和生活方式等層面上的焦躁、矛盾甚或衝突，或許可以視為回歸旅程必然經歷的陣痛。其實，在張力和爭議之同時，也存在持續增加的交流往來和日趨融合的一面，包括經濟、文化、教育、通婚、升學、就業、旅遊等方面。時至今天，在內地居住、工作及求學的港人，以幾十萬

6　見《鄧小平文選》第三卷，北京：人民出版社，1993 年，頁 215、217。

計；據過去一些非官方估計，有接近 52 萬港人長居廣東省（未計
其他省市）、30 多萬港人長期在內地工作、1.5 萬香港學生在內地
讀大學、每天往返內地與香港的港人人次超過 35 萬。[7]

　　自 2003 年與內地簽訂 CEPA（《內地與香港關於建立更緊密
經貿關係的安排》）及香港向內地開放「自由行」後，兩地人流、
物流、資金流更為頻密。國家「十一五」規劃（2006－2010）起，
納入港澳專章，而特區政府也參與一些內地區域性合作平台，如
早期泛珠三角、「9+2」等論壇，與廣東、福建、四川、廣西、北
京、上海、深圳等省區市定期舉行合作會議，建立金融方面的「滬
港通」、「深港通」及人民幣離岸交易中心，又積極參與國家推動
的亞洲基建投資銀行和「一帶一路」倡議等。除港商投資內地動
力不絕外，各類專業包括會計、工程、建築、規劃、醫療等也紛
紛北上，開拓發展機會。粵港澳大灣區規劃落實下，香港的世界
級大學也相繼落戶大灣區其他城市，設立分校；深圳大學也擬於
香港設立分校。

　　不過，融合過程也帶來新的矛盾和陣痛。「自由行」帶來每年
以千萬計內地旅客，大大增加本地旅遊和相關消費領域的經濟收
益。2018 年的 6,500 萬旅客中，5,100 萬（78.4%）來自內地；過
去兩年，因社會動亂及新冠疫情影響，遊客人數才急速回落。全
盛時期，內地客不單迫滿香港的旅遊景點，還有商場、公共交通
和酒樓食肆等，不單充斥遊客區，更遍及民居小區，已超乎香港
的城市容量。但擴容說易行難，於是衍生種種排外情緒，就如巴
塞隆拿、威尼斯以至京都等外國著名旅遊之都，本地居民不滿被

7　最新的全國人口普查結果顯示，有 37 萬港人居於內地。

遊客攻陷一樣。

再加上多了很多內地學生來港就讀大學本科和研究院、大量內地企業湧入本地市場、愈來愈多內地人來港投資置業、內地「海歸」來港進入金融機構和在港中資企業等，使原有的港人感受到在日常生活中內地人佔去不少空間、資源和機會，構成日益負面的態度，他們只看一面，而忽略了內地人才和資金對香港經濟發展的正面作用。這樣的存在主義生態經過政治事件和衝突的發酵，便容易強化排外性（主要針對內地）的本土主義、自決甚至分離主義的政治傾向。其實，香港歷史上從來是一個移民城市，二戰後五六十年代起本地永久居留人口才逐漸固定；2016 年人口普查顯示，香港居民中有四成並非本地出生。2020 年乃本地死亡和出生人數交叉點，即人口增長要靠移民的補充。

政治上，兩制之間曾出現的爭議和矛盾，多年來主要環繞三個方面：（1）全國人大及其常委會對特區的憲政權威及解釋《基本法》（人大釋法）的問題；（2）特區政制發展及雙普選（由市民普選行政長官及立法會全部議員）的爭議，以及（3）國家安全立法問題。近年，按《基本法》第 18 條應用全國性法律（如 2019 年特區啟動立法落實《國歌法》），備受泛民非議，以及為了與內地互利、對往來兩地提供更便捷交通的高鐵「一地兩檢」安排，也因涉及在西九龍總站設立內地口岸區範圍執行內地通關相關法規，而被泛民攻擊為破壞特區法治及「割地」。久而久之，形成任何涉及中央政府或者內地的事宜，包括經濟合作和基建項目（廣深港高鐵、港珠澳大橋）及促進兩地交流的活動，均被反對派及部分疑「內（地）」者套入「被規劃」、「被發展」、「被洗腦」、「大陸化」等框架中無限演繹，使愈來愈多港人尤其是年輕一代，感

到失去本土自尊和信心。有關新世代的失落感，往後第 6 章再詳加剖析。

　　關於人大釋法問題，按照中華人民共和國憲法，人大有權釋法，香港《基本法》既是特區最高法律，有若「小憲法」，但也是國家法律一部分，全國遵守。《基本法》起草時亦已包括全國人大常委會釋法以及全國人大修改《基本法》的權力（列於第八章），所以人大釋法機制原則上不應成為爭議，關鍵在於具體的解釋是否合理。回歸二十多年，人大釋法共有五次，分別是：居港權問題（1999 年 6 月）；行政長官及立法會選舉辦法之修改（主要是引進所謂政改「五部曲」程序，2004 年 4 月）；行政長官任期的界定（2005 年 4 月）；剛果民主共和國一案所涉的外交豁免問題（2011 年 8 月）；以及行政長官、主要官員和立法會議員就職宣誓問題（2016 年 11 月）。[8]

　　行政長官任期案乃應曾蔭權特首提請，而剛果案乃應特區終審法院依照《基本法》在終局判決前提請解釋，兩者皆屬法律觀點解讀，不涉重大社會爭論。居港權案由特區政府提請，乃首次人大釋法，因當時擔心終審法院就吳嘉玲案的裁決，會引致百多萬（政府估計）的港人內地子女湧進香港，非特區所能承受；但釋法引來法律界極大反彈，首度穿上黑衣遊行，哀「法治已死」。唯一由全國人大常委會主動釋法的，是政改「五部曲」和就職宣誓事宜，觸動北京認為屬中央須管轄之事，前者關乎特區政治體制，後者因 2016 年 10 月立法會選舉後新一屆部分泛民議員藉宣

8　至於全國人大或人大常委會作出關於特區政制的決定，乃屬行使中央事權，並非「釋法」。

誓而作出政治聲明，甚至嘲弄國家和拒絕表示效忠，驅使中央須以人大釋法規定「必須準確、完整、莊嚴地宣讀」。

政改及雙普選之爭，實乃源自八十年代後期《基本法》起草中的政制爭議，民主派欲增大普選成分和加快政改步伐，但中央有保留，既因不相信西方選舉式民生，也欲維護原有工商專業精英的政治利益，以及延續港英的行政主導模式。無論如何，若各方肯承認政改最終須政治妥協，合乎民情及有利於取得市民信心，而又同時讓中央放心、不用害怕政權失控異化，那麼仍應可有所突破。無奈泛民主派到 2010 年已開始內部分裂，激進者欲一步到位，毫不妥協。

2014 年泛民主派發動「佔中」，及堅持行政長官選舉由公民提名，漠視《基本法》規定的提名委員會機制，引來中央政府同年 6 月發表《「一國兩制」在香港特別行政區的實踐》白皮書，宣示中央對港的「全面管治權」，以及 8 月全國人大常委會通過關於政改的「8.31」決定，[9] 令雙方溝通全面破裂，從此失去互信。「佔中」後，本土自決路線坐大，反對運動迅速激進化，泛民之主流派（包括民主黨、公民黨）漸失領導地位，至 2019 年反修例抗爭達至政治對抗的最高潮，從此根本地改變中央對香港形勢的判斷。

政改及選舉關乎民主問題，固然是政治衝突的核心，但也涉及國家安全的爭議。2003 年《基本法》第 23 條立法，掀起社會上

9　2014 年 8 月 31 日，全國人大常委會通過香港行政長官普選和 2016 年立法會產生辦法的決定（「8.31 決定」），當中涉及三個關卡，即（1）提名委員會人數、構成和產生辦法須按第四任行政長官（2012－17）選委會的人數（1,200 人）、構成和產生辦法；（2）不實行公民提名及政黨提名，行政長官參選人須獲過半數提委會委員支持才能成為候選人；（3）候選人限 2 至 3 名。另外，2016 年立法會選舉不作變動。

怕失去港人原所享有高度自由的憂慮。反 23 條立法的抗議，最初由民主派發動，但因政府處理立法時解釋失焦，並拒絕推出法案白紙草案（即整項法案在正式以藍紙草案刊憲前，先以白紙形式公佈以作公眾諮詢），又未能取得大律師公會等主流法律界人士的認同，使人心惶惶，遂處處受到質疑和挑戰，導致當年 7 月 1 日五十萬人反政府大遊行。其後政府雖然對法案作較大修訂讓步，但因屬建制派的自由黨最終不肯支持而擱置立法。

23 條立法失敗，中央之不滿可以想像，因為《基本法》起草時曾擬適用全國性相關法律（八十年代乃刑法中針對反革命罪行的規定，內地要到 1993 年才訂立首份國家安全法），但因應香港各界憂慮，故北京才作出妥協，在第 23 條規定特區就國家安全自行立法，現在竟然也不能落實，令中央官員開始懷疑港人對國家利益是否重視。兩制間之刺，實始於此時。之後，香港方面一直拖延第 23 條立法，而澳門則在 2009 年已完成自行立法。

隨着政改之爭持續，再加以懷疑中央、排斥內地的社會情緒日益擴大，泛民中人敵視北京，所以政治鴻溝愈來愈大。2012 年反國民教育、2014 年「佔中」脅迫、2019 年反修例抗爭導致全面挑戰國家權力。部分泛民議員和抗爭組織者在國際上宣傳動員、呼籲外國介入和制裁，使北京認定香港動亂已經變質失控，構成國安短板，再也等不了特區 23 條立法，於是由全國人大授權、全國人大常委會制定《港區國家安全法》，並向香港派駐國家安全公署，中聯辦主任兼任特區「維護國家安全委員會」顧問（主席為行政長官）。

中央怕香港走向分離主義，設定紅線，聲討「港獨」。在中央收緊對港管控下，一些港人怕「一國兩制」漸淪為一國一制。部

分內地民眾卻不滿香港抗爭者的「反中」言辭和暴力，罵港人失去國家意識，要求中央嚴懲香港。「一國兩制」在實踐中本已必然存在張力和陣痛，若再不斷受到兩邊壓力，便會走樣，偏離原先互相尊重兼容、欣賞香港例外的視野。如此一來，香港一些陰謀論者所擔憂的中央不斷收緊、香港被大陸化及邊緣化，就會變成自我應驗的預言，當中也受到國際大氣候的影響（詳見第 7 章）。

「一國兩制」如何走下去：反思新現實起點

雖然一直以來，融合的拉力與疏離的推力並行並存，但是並非一面倒地排斥內地。若能正確看待和處理好疏離的因素，既促進融合，也重視香港的「例外」（相對於內地），則可較好地掌握和實踐「一國兩制」的精髓，為國為港皆帶來裨益。政治對峙不能長期下去，但目前不論官方、建制派或泛民的論述仍多抱殘守缺。激進抗爭派的「攬炒」論，提供不了出路，香港不可能出現革命式政權易轉（regime change），國家不會讓它發生。

在中央政府「止暴制亂」方針下，港區國安法壓住了亂局，亂後整頓如火如荼。不過，外表漸歸平靜的的背後，仍深層矛盾重重，社會脆弱未減。長期以來的困局因素複雜，若走不出深谷，那麼政治膠着（impasse）常態化下，社會撕裂會修復無期，引致管治困頓、人心虛怯，經濟或被慢性陰乾。惡性循環，就跟流行病毒一樣，使香港失掉鬥志。世局趨亂，樹欲靜而風不止，作為懸掛五星國旗、定位國際都會的香港特區，外受國際政治角力夾迫，內受持續分裂淘空，其命運何去何從？

今時今日，兩地之分不開，已不單是憲制和政治使然，經濟上和社會上也涉及不能停下來的人流物流和商貿資金往來，已成「我中有你，你中有我」的格局，這才是融合的現實寫照，缺此互通，香港會停滯下來。對「一國兩制」的根本挑戰，在於當兩地已存在不同領域內不同程度的「真融合」時，如何維持香港體制的「真例外」空間，儘管或會與國家的主體制度和政策系統有點格格不入。從國家整體發展利益看，香港的「例外」才是對「一國兩制」最大的支撐，但大前提是必須具有「香港能而內地城市不能」的特殊作用。香港背靠內地的優勢雖受國際重視，但若兩制界線趨向模糊，優勢便會變成包袱，十分弔詭。

回歸二十多年了，國家在變、香港在變，世界也不斷在變，應好好總結。2047 年究竟是特區的歷史終結，還是跨越歷史的新起點？維持「一國兩制」相信仍是兩地主流共識，但應承認，維持其背後八十年代的假設不變，已不再現實。

當年中央視香港為寶，能在國家改革開放中發揮重要作用，雖知不少港人反共但不怕港人造反，那時的「一國兩制」至為包容。今天內地已建立另類發展模式，香港範式不再受欣賞，就算參考外地也寧取新加坡的威權效率。當年香港精英協商，今天民間力量抬頭。當年港英專權，市民普遍滿足於效率；今天社會不再崇拜權威，講求制衡與人權，行政主導受制，議會卻又不當家，政黨無法成熟，致責任政治失落。建基於八十年代「行之有效」經驗的《基本法》政制設計已見其短，傳統港式資本主義也無以為繼，新一代港人求變心切。

回歸前中央強調「井水不犯河水，你走你的陽關道，我過我的獨木橋」，回歸後鼓吹融合，但不少港人骨子裏實求獨善其身。中

央重視「全國一盤棋」（港澳不例外），若特區政府把持不好平衡作用，又與本土意願脫節，則激進抗爭派之所謂「光復香港」口號，便有其市場，特別是在年輕一代。相對地，不少內地人包括成長於強國崛起的新生代，不明白很多港人為何如此缺乏國家認同、反處處質疑內地成就。

兩地間之價值觀和認知，均已隨着世代變化而轉變，也因經濟發展幅度和速度差異，相互實力與利益對比不可同日而語。兩制張力，也包含兩地新世代的認知衝突，雙方均缺乏當年鄧小平（針對對外關係）「韜光養晦」的智慧。面對此局，港人無論如何不滿現狀，仍須在兩極中求突破，糅合國家和本土身份，例外和融合並存。革新路上，不能以內地為假想敵，因為並非零和遊戲，弄垮香港對本身和國家皆沒有得着。中央關心和支持香港，但也的確擔心香港失控。新時代下，香港對國家的利益，已不在於以 GDP 衡量的經濟貢獻，而在於軟力量及其混合性（hybridity），即既有中國性格，也具國際特色，能連接中西兩個世界。

當年制定《基本法》，以為「一切不變」就可長治久安。但歷史為我們作了選擇，一切已變，香港要再出發，就需重新認識市民所思所急；不變之迷思泡沫已被刺破，各方要放下舊思維、偏見與虛妄，為下一代福祉作出另一次歷史抉擇。一個在國際上閃耀自信的香港，才能為國家增光。「一國兩制」能否走進新紀元，球既在香港、也在中央，但最終在於中央作為場主的手上。

參考閱讀

- 魯平:《魯平口述香港回歸》,香港:三聯書店,2009 年。
- 國務院新聞辦公室:《「一國兩制」在香港特別行政區的實踐》,北京:人民出版社,2014 年 6 月。
- 劉兆佳:《思考香港一國兩制的未來》,香港:商務印書館,2020 年。
- 呂大樂:《尷尬:香港社會還未進入一國兩制的議題》,香港:牛津大學出版社,2020 年。

第 *6* 章 ｜新世代的失落與焦躁

　　2019 年以來的反政府、反建制運動，差不多席捲香港整個新世代。這個代際撕裂，表面上與政治議題和訴求有關（民生、自主等），年輕人的理想主義和激進主義，遇上保守的特區管治體制、與社會脫節的行政型政府，以及長於「講」「吹」卻短於合力推動有為的議會政治生態，自然導致對體制政治的失望以至否定，轉而追求革命式推翻既有「不公」秩序的想像和鼓動性的修辭。

　　上世紀，無論是六十年代末西方國家和日本的學潮、反戰及青年左翼運動（部分激進份子走向暴力鬥爭甚至恐怖主義），還是中國內地文革紅衛兵運動衝擊黨政當權派、除四舊，都曾出現新世代反舊體制之爭。不同國家和地區的社運學運和抗爭手段也互為影響，以過去十年而言，香港 2014 年「佔中」運動，有之前台灣新世代太陽花運動的影子，2020 年曼谷青年上街反軍方主導的巴育政府，也有仿傚香港 2019 年的「若水」（Be water）抗爭方式，後來並演變成為挑戰上一代價值及既有泰國皇室特權的運動。[1]

---

[1]　香港和台灣地區，以及泰國和緬甸爭取民主的激進網民更連結成所謂「奶茶聯盟」（Milk Tea Alliance）。

香港近年的青年激進主義，既可從每一代皆有的不滿現狀的世代之爭角度去解讀，但其政治上的失落感，其實也反映體制的深層矛盾，當中對九七回歸後「一國兩制」及「港人治港」的實踐，構成最大質疑和衝擊的，主要關乎「港人身份」定位迷惘和回歸後「香港夢」難以為繼，致愈來愈多人感到有所倒退。香港風光不再，維持不了從前的高度自豪感，因此才會有人附和最初由激進自決派提出、被北京視為含分離主義和「港獨」傾向的「光復香港」口號。

香港人身份的歷史形成

回顧歷史上「香港人」身份的形成，既有本土因素，更存在外在主要是中國內地的因素。英國統治年代，早期本地華人大多數由內地前來經商、打工賺錢、或是逃避內地戰亂和社會動盪，過客心態居多，但求溫飽和安全，至於長期定居的上層華人，則多充當英歐資公司的買辦，接受英式教育與社交文化；因而存在華人社會二元結構，上層屬港英政府攏絡對象，下層自求多福。

1949 年中華人民共和國成立後，港英開始規管邊界，五十年代起逃離內地清算、反右及文革的幾代新難民、新移民，視香港為安身立命之所，當中有來自華東、華北及其他地區的資本家和知識份子，也有主要來自鄰近省份特別是廣東的普通百姓，一時之間為香港二戰後首度工業化提供人才與廉價勞動力，使香港由貿易轉口港邁進製造業的工業城市。

新移民的下一代，構成本土出生和成長、視香港為永久之家

的「香港人」，儘管大多家境清貧，但受惠於六七十年代教育（包括高等教育）和公共服務（如公共房屋和醫療）的逐步擴充，以及因香港經濟起飛所帶來的機遇，成為新本土中產階級的中流砥柱，支撐香港進一步的社經發展，參與創造八十年代的經濟奇蹟。他們見證了香港的冒起、九七前途困擾、中英談判、《基本法》制定和回歸祖國的過渡歷程。

七十年代，港人漸成一體，中西夾雜，孕育出自身的文化特色和生活方式（文化人陳冠中所形容的「雜種」），港式電影、電視劇和流行歌曲的魅力，吸引海外華人社會，領導潮流。當時香港華人常跟內地和台灣去作比較，認為香港雖然沒民主，卻享有其他兩地無法比擬的自由和法治，出入方便，且一定程度上較為富裕、先進和國際化。這是植根本土存在主義，以「他者」（the Other）之異和相對落後去襯托及定義的「香港人」身份，並不分階級地位而擁有一種歷史命運共同體意識。

內地文革瘋狂年代，港人與內地切割，自尋出路。適逢在六七事件後，英殖政府進入局部改革和親民階段，特別是麥理浩總督主政下（1971－1982 年間），刻意培養 "Hongkong Belonger"（香港人歸屬）身份，以社區代替國族。至八十年代，儼然成為另類對外、在國際上廣被接受的身份認同和宣示。1984 年《中英聯合聲明》，既確定 1997 年香港回歸中國，也同時確定香港人依原來本地法律所界定的永久性居民身份（見《中英聯合聲明》附件一第十四部分）。

其後，《基本法》正式賦予「香港永久性居民」憲制地位，依法享有各項權利，包括特區選舉、被選和出任公職的權利。香港可在回歸後繼續以「中國香港」或中國代表團成員的身份，參與

國際會議和組織（如世界貿易組織、亞太經濟合作組織、世界衛
生組織、國際民航組織等），及與外國簽訂經貿文教航運方面的
協約。

　　可見，香港雖然不是一個獨立政治實體，但在「一國兩制」下
確有其自我的由內而外的身份，香港人出外使用特區護照而非中華
人民共和國護照，享有非國族性的公民地位。這是「一國兩制」下
非常特殊的待遇，但是在兩制關係緊張時，也會變成國家的尷尬和
港人身份困擾的處境，香港地位的不確切經常令港人顯得患得患失。

回歸後「怕失去」的政治及身份認同的迷惘

　　回歸以來，一直存在香港身份定位問題。最初見於文化及價
值領域，如早期關於母語教育（被一些人視為不再重視英語）及
普通話教授中文（被一些人視為排斥粵語）的爭論，以及很多文
化人和知識界鼓吹香港傳承、歷史保育與維護核心價值，因為他
們怕「失去」原有的香港制度與生活方式。2003 年，五十萬人遊
行反《基本法》23 條立法，是這種「怕失去」（自由）的潛在焦
慮，首次走入特區的大型群眾政治，而 2019 年更大規模的反修例
抗爭，也是「怕失去」政治的延續。

　　早於八十年代初，中央主理香港回歸事務的官員對港人心態
摸得十分透徹，所以才有「馬照跑，舞照跳，一切不變」的承諾，
鄧小平也不以擁護共產黨為愛國者標準。《基本法》盡是延續原有
制度、政策和方式的表述。因此，不用懷疑中央尊重香港現實、
爭取港人民心的初衷。《基本法》另以「香港永久性居民」作為港

人身份的法律和公民權利定義，以與內地有別，也是着眼於維持香港特區管治的獨特性。

香港身份與中國國民身份，不必然互相排斥，港人可既愛港也愛國。按照多年來香港大學民意研究計劃（至 2019 年 6 月結束）及 2019 年中之後香港民意研究所的民調結果，回歸二十多年間，自認「香港人」者大抵波動於三、四成之間，但 2019 年中因修例風波超越五成，而自認「中國的香港人」者佔近四分之一。修例釀成多月抗爭動亂，刺激本土傾向向上，至 2020 年中有所回落。[2]

香港中文大學李立峯教授分析相關民調結果，得出一些甚有意思的觀察：當市民分別為自己的香港人及中國人身份認同程度評分時，兩種身份的認同程度，在回歸後首十年一直有顯著的正相關，即愈認同自己是香港人的市民，也愈認同自己是中國人，兩種身份有所重疊，甚或相輔相成；但在 2008 年後，兩種身份的相關度開始減弱，香港人身份認同愈強的較年輕港人，其中國人身份認同會較弱，出現兩種身份傾向互相排斥的現象。[3]

此外，2019 年 12 月的調查結果，在並列選擇時，55.4% 被訪者認同自己是香港人，認為自己是中國人的只有 10.9%，選擇某種混合身份的則有 32.3%；分開評分的話，「香港人」身份認同程度達 82.6 分，遠高於「中國人」身份認同程度的 57.3 分、「中華民族一份子」認同程度的 60.7 分，以及「中華人民共和國國民」認同程度的 49.6 分；若只看 18 至 39 歲的被訪者，對上述三種中國人

---

2 見香港大學前香港民意研究計劃（至 2019 年 6 月）及香港民意研究所，https://develo.pori.hk/pop-poll/ethnic-identity/q001.html。

3 李立峯：〈2020 年香港人身分認同的變與不變〉，《明報》，觀點版，2021 年 1 月 28 日。

身份認同程度的平均分只有 38.8、43.7 和 34.8。不過進入 2020 年後，有了一定的變化。2020 年 12 月的調查中，在各身份選項並列時選擇香港人身份的比例下降至 44.2%，選擇中國人身份的比例稍為上升至 15.1%，選擇某種混合身份的市民，也從一年前的 32.3% 上升至 38.4%；在分開評分時，香港人和中國人身份認同的相關系數，則由 2019 年的 -0.25 變為 -0.05，似乎對整體香港市民而言，香港人和中國人身份的互相排斥性已在淡化。在 18 至 39 歲的市民中，香港人身份認同程度由 2019 年底的 85.4% 跌至 2020 年底的 78.7%（見圖 6.1，圖表來自李立峯文章）。

　　本來，本土性各地皆有，本土傾向不等於排斥國民身份，就如上海人在自己中間也多說上海話，言必上海的發展和利益，但無損其視上海為國家重要經濟都會和金融航運中心、為國家之傲的情懷，愛國與愛滬，沒有導致惡性矛盾或衝突。香港也可以這樣，儘管滬港不同，前者屬國家主體體制之一部分，支撐內地經濟發展動力。可是，2003 年反《基本法》23 條立法一役，港人把國家安全與自由過於對立起來，而立法失敗後，內地官員也把港人的反應作過分負面的解讀，因而 2004 年全面推動「愛國論」，其後中央要求重視學校的國民教育，促進年輕人多到內地交流，就是怕港人不愛國，不重視國家主權、安全和領土完整，不關心國家利益所在。23 條立法爭議時，建制派大黨民建聯提出「沒有國，哪有家？」，充分反映香港愛國陣營的感受。

　　國家認同與本土情懷、中國國民身份與香港人身份，本來就不必對立，從香港來說，應是兩者兼有，相得益彰。所以，強調本土集體記憶和經驗之同時，可以同時進行涵蓋廣闊的國民教育，事實上很多國家包括西方國家，都存在不同形式的國民教

圖 6.1   2019 年至 2020 年市民身份認同程度的變化

身份類別選擇

■ 香港人　　▨ 中國的香港人　　▨ 中國人　　▨ 香港的中國人
■ 其他（包括「唔知／難講／拒絕回答」）

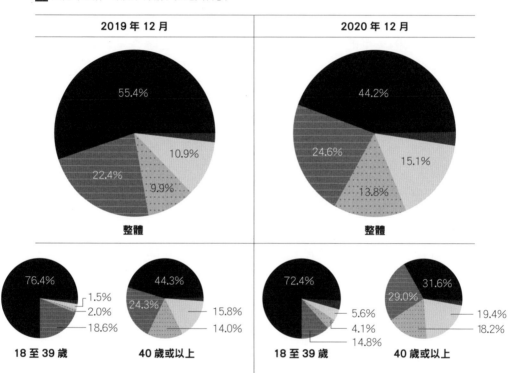

身份認同程度	2019 年 12 月			2020 年 12 月		
	整體	18 至 39 歲	40 歲或以上	整體	18 至 39 歲	40 歲或以上
香港人	82.6	85.4	81.3	79.6	78.7	79.9
中國人	57.3	38.8	66.1	54.9	35.5	64.3
中華民族一分子	60.7	43.7	69.4	60.8	41.0	68.4
中華人民共和國國民	49.6	34.8	55.6	49.3	29.6	58.7
香港人和中國人身份認同的相關系數	**-0.25***	**-0.45***	**-0.17***	**-0.05**	**-0.37***	**0.09**

＊表示相關系數達統計學上的顯著程度

育，以懸掛國旗、唱國歌為傲。奈何近代中國，因政治原因輕易做成歷史中華、文化中華、民族中華和黨國中華之分野；何謂「愛國」、如何「愛國」，往往成為爭議所在，有人把愛國教育視為政治「洗腦」，不讓以多元理性的態度，正視國家身份認同應有的方方面面，以及愛護國家時，既肯定其成就，也不迴避其缺陷的一面。

近年，因政改及民主化之爭，以及國際上針對中國威權體制之批判上升，香港的本土主義愈走愈激，夾雜着挑戰中央政治權威、無限懷疑國家體制的情緒，漸變成否定內地甚至尋求與國家主體切割的分離主義，因而必然引來中央的憂慮與強力反應，又當 2019 年下半年本土抗爭走向暴力化，必然令中央以極端角度視之。這樣，原來回歸的兼容精神就無可避免走樣。

「香港夢」難以為繼

前述七十年代香港人身份的歷史形成，有其時代和環境因素，包括香港作為一個國際經濟城市的成功冒起，至九十年代初被世界銀行高度肯定為「東亞奇蹟」的經驗之一，構成當時人人津津樂道的「亞洲四小龍」一員。伴隨香港人身份而起的，就是人心嚮往的「香港夢」。

簡言之，「香港夢」包含三個層次：（1）**經濟發展帶來社會相對富裕**、公共服務擴大及生活質素提升；（2）**造就新中產階級**，其標誌是受過高等教育、置業安居、從事專業、公營部門或企業管理、自我創業等，有所成就，優生而欲下一代重複下去；（3）

階級向上流動，下一代的際遇及學歷資歷好過上一代，教育成為「上流」路徑。這個「香港夢」的形成，與香港自六七十年代以來的經濟發展機遇是分不開的，也與六七暴動後港英政府調整統治策略、聚焦民生及本土化的改良主義有關，兩者相輔相成。

「亞洲四小龍」發展經驗的一個特色，乃國家／政府對經濟及市場所起的促進以至主導作用，當時一些學者如約翰遜（Chalmers Johnson）及韋德（Robert Wade），分別形容其所標誌的東亞發展主義道路（也含日本二戰後的復興在內）為 "plan-rational state" 及 "governed market"。[4] 相對於東亞資本主義模式的國家與經濟緊密關係、做大國營企業和跨產業民營企業集團（如韓國的財閥〔chaebul〕），香港的資本主義卻一直標榜「積極不干預」哲學，以及「大市場、小政府」，似格格不入、有點異數。實情是，香港的殖民地管治體制，跟當時韓國、台灣、新加坡一樣，同屬威權，只不過自由和包容性較大而已，而踏入七十年代，港英政府已從「自由放任」過渡至「積極不干預主義」。

坊間以至海外和內地，不少對「積極不干預」的解讀，以為是很積極的不干預主義，並視之為香港經濟成就的關鍵所在。這是一個翻譯上的誤會，因為時任港英政府財政司夏鼎基提出 "positive non-interventionism"，旨在表示已走出古典自由放任的思維，雖然仍以不干預為主，但在社會情況有需要或條件有變時，便會介入市場，糾正問題，以維護公共利益。所以實非積極地不去干預，而是「積極性」形態（較多有作為）而非僵化的不干預路線。

---

4 Chalmers Johnson, *MITI and the Japanese Miracle*, Stanford: Stanford University Press, 1982; Robert Wade, *Governing the Market: Economic Theory and the Role of Government in East Asian Industrialization*, Princeton, N. J.: Princeton University Press, 1990.

　　這才解釋了港英政府自七十年代介入社會政策和規管市場活動的積極行為，進入一定程度「有為」政府的階段。英殖後期不少社會改革都始於七十年代，無論是十年公共房屋計劃、九年免費教育、增加高等教育資助學額、擴大醫療衛生服務、改善勞工和福利保障，還是拓展新界新市鎮、提升城市規劃、擴充公共交通、興建地鐵，以至成立廉政公署和消費者委員會等，都在在展示面向社會的改革型、服務型政府的定位，以塑造儘管並非民選，卻是為民生、重民意的形象。

　　港英政府之所以能夠如此積極推動公共服務、發展基建，全賴於這段時期香港經濟踏上起飛後的高速增長，至八十年代再獲內地改革開放帶來的新機遇，令港商擴張生產投資、專業和金融服務取得持續向上的新台階。經濟升級轉型，既為整體社會創造財富，讓公共財政盈餘累積，成就所謂「低稅、多福利」的類「福利國」（quasi-welfare state）神話，也同時孕育新一代土生土長的中產階級，以及促進本土華資的抬頭，至八十年代初中英談判時，已能呼風喚雨，跟過去壟斷商界話語權的英資集團平起平坐。

　　八十年代初北京決定 1997 年收回香港、恢復行使主權時，所看到的香港，是一個聲稱行政主導、積極不干預、「大市場、小政府」的低稅而福利保障不錯的港式市場資本主義，也是一些西方自由經濟學派（如佛利民〔Milton Friedman〕）推崇極至的「最自由經濟體」。北京原以為接受了這個既有模式，並以《基本法》予以法律保障下，便能維持香港九七後繁榮安定，既能取得資本家和中產階級的信心，也可逐步改善基層的生活，這樣香港的不敗神話便可在中國主權下延續下去，所以當時有人豪言：「英國人能，咱們中國人也能。」事實上，香港人不分階層也普遍追求「香

港夢」，希望一切維持現狀，甚至視為理所當然。

此乃「往後看」的發展觀，終經不起九七回歸後新時代、新挑戰的考驗。九七前未能充分預計的，除了港人日益高漲的民主意識外，乃外圍經濟的變化，做成香港資本主義陷入滯進，以及內地經濟經過二十年粗放式發展後的高速增長，將八十年代香港與內地原先的強弱關係顛倒過來，至今天成為內地經濟體積龐大、香港趨小的格局，[5] 而這變化也在在影響兩地和兩制的政治關係和社會感受，成為「一國兩制」持續張力的一個因素。

不過，香港整體上仍是有所發展的城市。回歸二十年（即2017 年時），雖然經歷亞洲金融風暴和全球金融海嘯兩次重大衝擊，但經濟還是穩步增長，2016 年人均 GDP 達 34 萬港元，比1997 年 21 萬港元多出超過一半；政府財政儲備達 9,357 億港元，為 1997 年的 2.5 倍；外匯基金資產增加了近 5.7 倍，達 36 萬億港元；證券市場資本市值由 3.2 萬億港元增加 7.7 倍，至 24.7 萬億港元。香港一直為紐約、倫敦之後的全球第三大金融中心，也是全球最大的貨運空港和第三大國際客運空港。

在這些比較麗亮的經濟數字以外，香港的生活質素亦算驕人：平均壽命率全球最高；醫療系統效率指數全球最高；專上教育參與率超過七成；失業率低至 3%，在經濟學上言，近乎全民就業。香港也是全球至安全城市之一，持特區護照免簽證通行 170 個國家及地區。按世界銀行全球管治指數，香港在各方面的評分，除「發聲與問責」（voice & accountability）外，皆位列最前，高於

5　在高峰時期，香港的 GDP 相等於中國內地近三成（1993 年 =27%），今天不足2.7%。

OECD（經濟合作與發展組織）富裕國家的平均數，政府效率和監管質素分別接近和達到 100 滿分，法治及廉潔也處很高水平。以上的表現皆反映香港多年來所累積的經濟實力和制度優勢，屬於「香港夢」之一部分。

可是風光的背後，社會民生矛盾卻日益凸顯。其中，住屋問題最為嚴重，過去十年，房價上漲超過 2.2 倍，房租升幅八成，使「住屋難、置居難」成為廣大市民之最痛，香港成為全球住屋負擔能力（housing affordability）最差的大城市。與此同時，社會財富分配懸殊惡化，堅尼系數（Gini-coefficient）由 1996 年的 0.518 增至 2016 年的 0.539。各行各業中房地產集團一枝獨秀，左右政商關係，惹來地產霸權、官商勾結的非議。據 2019 年世界快樂指數，香港只排名第 76，而新加坡和台灣分別排名第 25 和 34，顯示港人普遍對其現況不感到快樂或滿意。而經歷 2019 年、2020 年的社會和政治動亂後，國際觀感受損，新冠肺炎疫情做成經濟衰退、百業艱難、失業急升，上引的表現指數受壓，香港前景轉差，怨氣更甚。

社會向上流動放緩，對學歷較上代為高的年輕小中產人士尤甚。一般大學畢業生實質工資十年來停滯不前，學位貶值，看不到光明前路，一些甚至只能住「劏房」、打臨時工，感到有「學歷上流、生活下流」之趨勢；所以，年輕一代開始埋怨戰後嬰兒潮一代只樂於「收成」，構成跨代間矛盾日增。雖然政府經常說，回歸後與內地加強經濟融合，多了「自由行」旅遊收益，內地人來港買房、消費及光顧醫療服務，內地企業來港上市和拓展業務，但由此帶來的財富，似未如滴漏理論所言，讓廣大市民分享，反過來他們卻感覺承受着愈來愈大的「超容量」壓力，如在住屋、

交通、購物等方面，從而釀成非政治原因的對內地人的排斥。

誠然，香港現處的社會流動和分配矛盾，並非獨見。在倫敦、巴黎、馬德里、悉尼、首爾、東京、台北等各大城市，年輕人同樣受困於住屋難、上流難、工資停滯，而且一些城市的青年失業率比香港遠為嚴重，這也解釋為何在歐美大城市，近年青年反叛和社會抗爭如此頻密，且愈趨向排外和反建制的極端右翼民粹主義，並且把矛頭指向亞洲尤其中國。美國特朗普的冒起，基本上代表了狹隘本土意識（「美國優先、白人至上」論）的主流化，至今已把美國社會朝中間分裂。歐洲近年的民粹政治泛濫，有智庫研究，歸納為一種由「恐懼之文化」（"a culture of fear"）所驅動的情緒政治，充滿着對未知的恐懼、對「他者」及將來的恐懼（"a fear of the unknown: a fear of the other, a fear of the future"）。[6]

不能忽視年輕一代的怨氣和失落

香港年輕一代的不滿、怨氣和失落，放諸回歸後的現實政治和兩制環境，容易讓他們把「今代不如上代」、「回歸後不如回歸前」，盡歸咎於政府不振、政商勾結謀私、民主化停頓、內地主宰

---

6 Demos, *Mapping and responding to the rising culture and politics of fear in the European Union...: Nothing To Fear But Fear Itself?*, London, 2017. 已故波蘭社會學家鮑曼（Zygmunt Bauman）曾形容為全球化做成的 *Unsicherhei*t（德文，指不確定、不安全感），見 Zygmunt Bauman, *Globalization: The Human Consequences*, New York: Columbia University Press, 1998。

及剝奪香港資源。他們恐懼將來，恐懼與其難以捉摸及掌握的中國大陸融合，內地人成為其「他者」。在陰謀論述充斥下，建制和內地遂成為其宣泄的主要對象，也令任何涉及中央和內地的事情被無限上綱、予以最負面的解讀，成為「原罪」似的。新生代的香港夢碎，支撐了過去幾年所謂「奪回香港」的本土主義抗爭意識，若中央及特區政府不加以重視、追本尋源，只着眼破壞和動亂的表象，不去好好地處理矛盾、理順民情、切實解決一些主要問題，則深層的社會政治對抗不會自我消失。

　　住屋乃頭號社會問題，關鍵在於土地供應，可以說「得土地，得天下」。[7] 但為何地區上反對收地建屋（包括公共房屋）之聲音如此強，社會支持填海造地如此乏力？除了所謂鄰避心態（Nimbyism, not-in-my-backyard）作祟外，較深層的原因，乃不少市民不信任政府，動輒懷疑政府的土地和房屋政策向地產利益傾斜，故不願放棄小我以成全大我。同時，政制不順、欠政通人和、建制泛民對立嚴重，也令所有規劃、立法、撥款及施行程序受阻。在房屋供應滯後下，公屋輪候年期日長、劏房戶日多，青年上樓安居無期，憤怒日深。

　　關心青年人，不是成立青年發展事務委員會、或強調「三業」（學業、就業、置業）、並呼籲青年投入粵港澳大灣區發展這麼簡單，因為問題在於大環境的深層和結構。深層須改革，才可讓「三業」順勢顯得有前途，以及參與大灣區不被解讀為削弱香港、背離香港的選項。一切都是信任和信心的問題。特區政府若不致力

7　對住屋問題的詳細分析，見張炳良：《不能迴避的現實 —— 回顧任局長五年的房屋政策》，香港：中華書局，2018 年。

改善與市民的關係，推動體制及政策重大改革，有七十年代麥理浩般的雄心壯志，為港人帶來自信和希望，若妄然說視民意如浮雲，則施政必然事倍功半、舉步維艱。一個對前途失去希望和信心的年輕一代，只會懂得破壞泄憤，不懂或不肯投入體制建設，將大大削弱「港人治港」的原動力，做成惡性循環加劇、失敗的預言自我成真。

2019 年 11 月區議會選舉的「變天」及年輕人的龐大投票動員能力，讓中央對選舉失去信心。過去兩年本土身份政治做成的社會撕裂，就好像「內戰」的狀態。從來戰爭中作戰各方都認定為正義而戰，於是制度暴力、造反暴力、仇恨等，皆被絕對化、神聖化，生命不被珍惜，人性理性可以扭曲。小魔鬼釋放出來，就像戈爾丁（William Golding）的名著 *Lord of the Flies*（中譯《蒼蠅王》）所描述般恐怖，最終失掉的，還是各方聲稱去守護的香港價值與人道。大動亂後，人心既求變也思靜，他們在等待主政者調整思維策略，對話和解、重建互信、開展革新；也看抗爭者是否懂得進退藝術，在體制中尋求政治出路。

思想及行為非常激進的青年只佔年輕一代中的少數，但青年不滿政府及現狀的，卻屬多數。據香港青年協會最新一項研究顯示，在整體受訪青年中，43.6% 對香港未來不抱希望，另 76.0% 不信任特區政府；同時，近三成（28.6%）表示打算移居外地，當中最多人提及的社會因素包括港區國安法的施行、特區政府管治令人失望，以及社會撕裂嚴重等。[8] 儘管如此，八成多（83.8%）表示

---

[8] 至於沒有移民打算的受訪青年，最多人提及的社會因素包括認為香港社會生活方便、治安良好，以及認為本港仍有發展機會等。見香港青年協會青年研究中心：《從青年去留抉擇看改善特區管治》，「青年創研庫」研究報告，香港，2021 年 2 月。

想為香港作出貢獻，超過四分之三（76.2%）認為青年參與能帶來改變。

　　我們應好好珍惜不少年輕人的熱誠和承擔感。年輕世代也應從行動經驗中取得進退有度的智慧，像一些前人般學懂在體制內參與和爭取改革，而非追求不惜手段及否定一切的虛妄革命。有年輕人決意移民他走，阻止不了，但願仍不欲放棄香港者堅持下來，堅毅地在「一國兩制」下好好經營這座城市，不要讓宿命論者看扁。

參考閱讀

- 陳冠中：《我這一代香港人》，香港：牛津大學出版社，2005 年。
- 呂大樂：《四代香港人》，香港：進一步多媒體，2007 年。
- 趙永佳、王世茹：〈香港青年：教育、生涯、政治的全球脈絡〉，《香港社會科學學報》，第 49 期，2017 年春／夏季。
- 香港青年協會青年研究中心：《香港青年趨勢分析 2018》，香港，2019 年 7 月。
- 香港青年協會青年研究中心：《從青年去留抉擇看改善特區管治》，「青年創研庫」研究報告，香港，2021 年 2 月。
- Lee Man Yee Karen and Lo Yan Lam, "Contesting Visions of Hong Kong's Rule of Law and Young People's Political Discontent", *Social & Legal Studies*, Vol. 29, No. 6, 2020, pp. 858-880.
- Demos, *Mapping and responding to the rising culture and politics of fear in the European Union…: Nothing To Fear But Fear Itself?*, London, 2017.
- Kees van den Bos, *Why People Radicalize*, London: Oxford University Press, 2018.

第 7 章 新冷戰與國家安全衝擊

　　若沒有修例風波做成的暴力抗爭，以及特區政府危機處理的失當，香港內部不致於陷入過去兩年嚴重而持續的政治對抗與撕裂。若沒有回歸以來長期未妥善解決的政治與社會深層次矛盾，以及過去十年（特別是 2014 年「佔中」以來），泛民主派陣營的激進化、主流派迷失方向並失去論述，及年輕一代本土自決思潮的高漲，不同的新舊矛盾不會像乾柴碰上烈火般，快速燃燒起來。

　　修例風波是「偶然」事件，大環境才是構成「必然」出事的主因。這個大環境存在外部因素，既有中國內地近年政經轉變及兩制關係的實質調整（見第 5 章分析），更涉及全球地緣政治變化，尤其是美國與中國的關係，已從以前比較友好時期的「戰略性夥伴關係」，不斷倒退惡化，至特朗普總統 2017 年主政後定位於對抗，而且抗衡打擊中國，似成為美國朝野及共和、民主兩大黨的共識，就算是一些較為溫和的論者，也已視中國為「戰略性競爭者」。

　　美中角力，不單影響國際政治，也直接波及香港。事實上，2019 年以來，若不是美國直接或間接上鼓勵、鼓動香港反對派，

利用他們作為對中策略的一元，「借港過中」，從而又刺激北京視整場抗爭為「顏色革命」，決意重整特區的國家安全和管治秩序，則香港就算存在內部政治危機，相信也不致變成美中新冷戰的「第一戰場」，後遺影響威脅香港往後的命運及「一國兩制」如何走下去。可以說，沒有美中衝突，香港之火，燒得不會那麼厲害和徹底。

美國長期對香港的影響

英治香港 150 多年，香港被視為西方世界的一部分，1949 年建立中華人民共和國後，由於美國對中國採取圍堵戰略，香港儼然成為所謂西方自由陣營在中國「竹幕」至邊緣的前哨點，英殖香港一直是包括美國在內各國觀察中國動向、搜羅中國各種情報之地。而北京也以香港作為突破封鎖的戰略性窗口，強調「長期打算、充分利用」，故不急於收回香港，以周恩來當年的說法，歷史遺留下來的問題由歷史去解決。

美國駐港總領事館人員編制之多，長期屬其駐外使領館之前列，功能多樣，可見香港對美國全球外交佈局的重要性。1949 年後，當時華盛頓的外交圈子及政界常問：為何「失掉中國」？二十多年後，因雙方共同面對蘇聯的軍事威脅，一位最反共的美國總統尼克遜，竟能跟不停罵美國帝國主義為紙老虎的中共，達成戰略性和解，1971 年讓中華人民共和國取回聯合國及其安全理事會永久成員的中國席位，1972 年官式訪問北京，1979 年中美正式建交。

　　其後達四十年的美中關係，既有矛盾與衝突，也有合作和突破。2000 年，美國予中國貿易最惠國待遇，其後支持中國於 2001 年正式加入世界貿易組織，標誌美國已視中共領導下的中國，為其主導的全球政經秩序下的正常國家。在香港回歸中國的問題上，美國支持其緊密盟友英國的立場及《中英聯合聲明》，但更重視其對華各方面的利益。九七回歸前，美國於 1992 年通過《香港政策法》，旨在從美方法律上賦予香港有異於中國內地的特殊待遇，包括容許香港取得不能轉輸內地的「敏感性科技」，作為對「一國兩制」的國際「承銷者」（underwriter）似的，影響西方國家對香港特區地位的態度。

　　可以說，當時美國對中對港皆有期望，並珍惜雙邊關係。與此同時，美國政府長期與香港民主派人士和團體友好，泛民政黨也予人親美定位，但美方過去鼓勵泛民主派在特區體制內發揮作用，而非與北京鬧對抗。就算 2015 年政改爭議，泛民主派與北京出現嚴重分歧，聽說西方國家駐港外交人員仍主張泛民主派妥協。

美國及西方國家對華政策轉變

　　近年美國對中國的策略調整，有跡可尋。

　　奧巴馬總統年代，美國已進行重返亞太的國防及外交策略「再平衡」調整，至特朗普主政更確定為印太戰略，矛頭直指中國，進一步推動一場全方位的制度之戰。在美國要求下，歐日韓澳甚至部分南亞、東南亞國家已明顯歸邊，不似昔日在美中兩國之間維持平衡定位。在此印太攻勢下，美國致力把日韓台港以至印越

菲等納入其箝制中國的包圍圈內。而美英澳紐加五國的「五眼」情報聯盟更加強合作，配合攻勢，讓國安國防凌駕外交和經貿考慮，新冷戰已告啟幕。

引致美國視中國為最大威脅的原因，乃中國近年在經濟、軍事和科技力量的迅速冒起，加強在南海和台海的部署，以及北京創建亞洲基建投資銀行、倡議「一帶一路」的龐大跨洲基建融資與建造大計，讓美國驚覺中國不再服膺於美國霸權下的國際秩序，而欲另樹一幟，以「中國模式」凝聚足以挑戰美國領導地位及西方文明的力量。歷史上，上世紀八九十年代美國也曾因為日本經濟崛起而視之為威脅，施以種種壓力，迫使日本屈服。

中國雖然並未走上美國原先設想的自由民主道路，但一樣得以經濟崛起，成為可與美國平起平坐的非主流超級強國，被一些論者比喻為以「北京共識」抗衡「華盛頓共識」，[1] 使美國感到若不及早加以遏制，將後患無窮。而且，在習近平主政下，中國加強黨政結合、國家指導經濟，利用舉國體制力量、權力高度集中、「國進民退」等，也讓不少原先對中國開放比較看好及友善的西方學者及智庫專家，紛紛轉而懷疑中國在收緊民間自由、走回專制之路。

所以特朗普上任後發動貿易戰，只是序幕，實則其周圍全屬反共的對華鷹派；打擊中國，乃集政治經濟實利、意識形態敵視，以及文明與制度競爭的一場「新冷戰」。跟二戰後美國與蘇聯的（舊）冷戰背境不同，當年蘇聯建立與西方世界平行競爭的國際社會主義政治經濟體系，又成立「華沙公約組織」，與「北大西洋公約組織」進行軍事對衡和軍備競賽；今天中國儘管實行中國特色

1　J. C. Ramo, *The Beijing Consensus*, London: The Foreign Policy Centre, 2009.

的社會主義市場經濟，不認同西方的自由民主模式，卻全情投入原由西方建立的國際政經秩序和各種國際組織。

中國接受了按既定國際遊戲規則行事，但會運用其崛起後的經濟實力和資源，利用現行制度去促進本身的國家利益和國際影響力，這其實也是歐美日各大國在上世紀慣用的手段。例如：中國透過在海外成立孔子學院推廣中國文化，也是仿傚英國文化協會、法國文化協會、德國哥德學院及美國新聞處和其公費資助機構等推行的文化「軟力量」做法，但因中國使用的手法有時粗糙生硬、外宣味道濃厚，致近年常被西方社會視為「政治滲透」、「文化洗腦」，更被指控為「銳力量」。[2] 北京固然須全面檢討其對外策略，切實查究：為何近年外國民眾對中國的好感急速下滑，[3] 為何他們不因中國的強大而接受及尊重中國，並期望中國於國際舞台上扮演更大的角色、發揮更廣泛地影響世界的作用？軍事以力服人，經濟以利誘人，但大國最終應以道感人，即理念和價值，所謂王道也，亦是軟力量超越硬力量的意義所在。

無論如何，在九十年代蘇聯解體、東歐原共產國家「變天」並投向西方陣營後，美國認為世界已達福山（Francis Fukuyama）當時聲稱的「歷史終結」，從此全球各地皆朝自由民主的終極目標邁

---

2 「銳力量」（sharp power）是一個國家透過操縱性對外手段，包括試圖操縱新聞媒體及教育系統資訊、企圖影響甚或控制另一國家的能力，以分化或誤導目標國家的公眾意見，或是遏抑或轉移其公眾對其負面資訊的注意力。

3 按皮尤研究中心（Pew Research Center）對十四國所作調查，澳洲及瑞典有超過八成人對中國持負面態度，而英國、德國、荷蘭、美國、韓國等亦皆過七成。見 Laura Silver, Kat Devlin and Christine Huang, "Unfavorable Views of China Reach Historic Highs in Many Countries", Pew Research Center, Washington DC, 6 October, 2020, https://www.pewresearch.org/global/2020/10/06/unfavorable-views-of-china-reach-historic-highs-in-many-countries/。

進，而美國乃這一終極世界的至強者，由它去定義人類社會的命運及全球政經秩序。但事與願違，2008 年底美國發生房地產次按危機及華爾街崩盤，觸發全球金融海嘯，做成各國經濟大倒退，若不是當時中美關係較好，中國政府投入四萬億元人民幣支持美國倡導的增加信貸（如「量化寬鬆」）以刺激經濟的救市策略，恐怕美國和西方經濟已先倒下去。當然中國既已融入國際市場，若不協助救市，也會一樣成為輸家。

全球金融海嘯改變了世界，中國總體經濟迅速增長，逼近美國，做成 G2 均勢。美歐日等大國過去風光不再，西方文明的一尊地位遭受前所未見來自東方的挑戰，二十一世紀被譽為亞洲崛起的世紀。[4] 而且，歐美陷入接連的反全球化浪潮，經濟國族主義和極端排外的民粹政治抬頭，右翼邊緣性黨派（如法國的國民陣線、英國的獨立黨、美國的茶黨、德國的 AfD 等）乘勢而上、挾持主流政治，令原先大黨受壓，一是失勢、一是轉走激進民粹以求存（如美國共和黨）。

特朗普的「美國優先」，標誌傳統上被視為自由包容的大國，如何急速地變得內向排外、失去自信，把美國的一總問題歸咎於中國。歐盟國家儘管不滿特朗普的自把自為、低貶歐洲的作風，但在文明衝突的意識下，更怕來自中國的「東方威脅」。2017 年白宮發表《國家安全策略》，定位中國為「修正主義大國」（revisionist power），意指中國表面上加入全球秩序，實質上持相反於美國及普世主流的價值和利益，旨在印太地區取代美國地位。

---

4 Kishore Mahbubani, *The New Asian Hemisphere: The Irresistible Shift of Global Power to the East*, New York: Public Affairs, 2008.

2018 年 10 月，美國副總統彭斯形容中國走上「經濟侵略」、干預美國的民主。特朗普政府的對華攻勢，早於同年 2 月定位為進取性的印太戰略，包括與澳洲、印度和日本緊密聯手，並大力裝備台灣。[5] 這些對中國評估和態度的變化，都先於香港的修例風波。

2019 年中後，以香港局勢為由，美國全面反中遏華。2020 年 1 月國務卿蓬佩奧指控中共乃當前世界的最大威脅（"the central threat of our times"），並利用五眼情報聯盟策動其西方盟國全面對付中國，大打台灣牌和香港牌，從此多以「中共」去指中國，連一些西方媒體（包括反特朗普的自由派媒體）也跟隨此做法。面對美方的挑戰和挑釁，中方不予怠慢，既不欲中美關係脫鈎，但也作最壞打算，對美國如是，對香港情況也如是。

2020 年 6 月，中共中央對外聯絡部（中聯部）前副部長周力公開刊文，警示要做好應對外部環境惡化的六大準備，其中三項涉及中美關係，即要做好中美關係惡化加劇、鬥爭全面升級的準備；要做好應對外部需求萎縮、產業鏈和供應鏈斷裂的準備；要做好擺脫美元霸權、逐步實現人民幣與美元脫鈎的準備。[6] 周力的

5　見特朗普政府國家安全顧問奧布萊恩（Robert C. O'Brien）於 2021 年 1 月離任前基本上解密的《美國印太戰略框架文件》（*United States Strategic Framework for the Indo-Pacific*），載於：National Security Council, *Statement from National Security Advisor Robert C. O'Brien*, Washington DC, 12 January 2021. https://trumpwhitehouse.archives. gov/briefings-statements/statement-national-security-advisor-robert-c-obrien-011221/.

6　另外三大準備是：要做好新冠病毒疫情常態化、病毒與人類長期共存的準備；要做好全球性糧食危機爆發的準備；要做好國際恐怖勢力回潮的準備。見周力：〈積極主動做好應對外部環境惡化的六大準備〉，《中國社會科學報》，2020 年 6 月 22 日，北京。他現任中國人民大學重陽金融研究院高級研究員。美國總統拜登上台後，周力於 2021 年 2 月再撰文稱，對整個美國執政當局，依然不能抱有幻想，絕不能把中國的發展與否，寄託在美國執政當局身上。

論述，或反映決策圈中有一定代表性的觀點。他認為美國執政當局（包括特朗普政府和美國國會）還會有更多動作陸續出台，故北京必須有「脫鈎」最終難以避免的清醒認識，對美國繼續對中國實施全方位多領域遞進性的打壓、一心一意要同中國「拼到底」的心態和政策做法，北京切不可低估，更不能畏懼。

爭奪香港之戰

　　2019 年反修例的泛民主派議員和政治人物走訪美歐，呼籲西方國家介入，向中國政府和特區政府施壓。抗爭派組織者更突出所謂「國際線」，於 6 月底展開國際報章廣告大攻勢，籲請出席在日本大阪舉行的 G20 峰會的各國領袖介入，以維護「自由的香港」，冀借助外力去促使香港內部變化。看似因關注香港人的自由人權而回應香港的抗爭行動，但實際上美國及其西方盟國早有戰略性準備，要與中國來一場對決式較量，香港闖進其中遂成為因利成便的棋子，「支持港人抗爭」提供了不可多得的道德說辭。

　　北京認定有境外和外國勢力利用香港，提供物資、金錢與訓練，以進行「顏色革命」，意圖達致政權變易（regime change），透過泛民主派奪取對香港的政治控制。自此運動變質，成為國際政治角力的場域。北京的「止暴制亂」方針，已不單針對香港的內亂，更要遏止香港有人勾結外力干預特區事務。爭奪香港之戰的帷幕，由此揭起。

　　如前所述，1992 年美國通過《香港政策法》，本乃為了配合「一國兩制」，因當時押注於中國，但 2018 年《經濟學人》雜誌已

表示西方押錯了注。[7] 2019 年 11 月，美國因應香港情況通過《香港人權與民主法案》，針對中國，押注於香港的反對派力量，構成其新印太戰略的一部分。美國一直視台灣為其「保護地」，現也欲把香港納入其保護傘，反映一些評論人所說的「中美共治」香港的意圖。

原持有「大中華」意識的傳統一輩泛民領袖，無論是在白宮、國會山或美國重要智庫的影響和吸引力，已經大大下降，今非昔比。代之而起乃敢於挑戰中國對港權力、言必自決的新生代抗爭領袖，其中包括藉反對國民教育運動而冒起的黃之鋒，以及藉發動被認為是違法的「佔中」運動而廣為外國認識的戴耀廷，備受西方媒體捧愛，已取代民主黨創黨主席李柱銘，成為今天香港自由與民主的國際面孔。他們的激進主義及視中國為強權壓迫的立場，也影響了西方朝野不少新一代的看法。

以美國為首的西方國家，高調介入 2019、2020 年香港管治危機，增添更多不穩定的國際政治博弈元素，並把香港問題在國際上定義為自由對抗專制之戰。打從 2014 年「佔中」起，香港問題的出現，既因北京對港政策盲點及香港政治和社會結構性矛盾所促使，以及特區政府誤判及處理失策的非必然因素，還與美中角力及國際大氣候變化有關。從來外力藉內因去發酵，而大國政治在正義修辭背後乃赤裸裸的功利計算，香港愈亂，對美國牽制中國愈有利。西方陣營愈把「香港問題」作為對中國施壓和攻擊的焦點，北京也必愈加在國際政治上視香港為外國不能隨便碰的「敏感詞」，對香港內部也絕不容有失。

7　*The Economist,* "How the West got China wrong"，3 March 2018, London.

　　美國為求保衛其世界單一霸權、借意識型態及體制衝突而全面「圍中遏華」，藉制裁香港而先企圖空洞化香港，製造「一國一制」情景，名為助港人實欲傷港，用的是虛偽的 "destroy a village in order to save it"（滅村以救村）邏輯。無奈不少抗爭派願為美國極右民粹主義路線搖旗吶喊。在「兩制」摩擦日劇、互信急降的劣勢下，中央官員憂慮港人（特別是年輕一代）失去國家認同，投靠外力，因此才有《人民日報》（2019 年 11 月 29 日）「美國絕不是香港的恩主」、為何感恩美國干預的反問。

　　北京易受美方策略性刺激挑釁，作出反制而加速對方衝擊力度，美國愈加強外拉，北京則愈收緊內吸，不容許什麼「中美共治」，故才把香港的危機定性為國家主權和安全問題，並以重鎚回應，寧付出沉重代價。但戰場在香港、傷害在港人。

香港成國安短板，北京急立國安法

　　內外格局繃緊下，中央視香港「草木皆兵」，嚴防顏色革命，認為「不設防」的國際城市至不安全，所以國安立法才避不了，已超越原來《基本法》第 23 條的考慮。2020 年 6 月，全國人大常委會直接為香港訂立國安法，反映中央對香港形勢嚴重憂慮，認為已構成國安短板。國家安全本屬中央管轄，23 條乃起草《基本法》時對港「妥協」的安排，特區遲遲不就 23 條立法，中央不能長等下去，唯有代辦。一旦進入國安意識體系，自有不一樣的運作邏輯和路徑，全球包括美英澳皆一定程度上如此，這是港人過去難以想像的。

　　《港區國家安全法》雖按內地立法範式，但並非把內地國安法一套照搬至特區，部分內容似有參照香港原有法律（如《刑事罪行條例》所述對政府「引起憎恨」的煽動意圖），以及 2002 年嘗試為 23 條立法時提出的草案條文，甚至個別的國際做法。從法律看，國安法立法緊、執法嚴、處罰重，具世界各地國安法律皆有的嚴苛，以及超乎正常刑事執法的秘密偵查監控和例外特權處理等特色。[8] 原則上國安法律應在保護國家利益和公眾自由之間維持平衡，現實上各國皆不斷收緊國安控制，如西方國家近年針對中國威脅而增加法律規管及國安權力，動輒質疑與中國有連繫者（包括其華裔公民）的忠誠。

　　根據港區國安法，特區政府設立維護國家安全委員會，由行政長官任主席、中聯辦主任當顧問；而警隊也成立專責的國家安全處，由一副處長領導。中央不完全依賴特區機制，故設置駐港國安公署系統，屬特區管轄權限（執法、檢控、司法）之外。《港區國家安全法》第 55 條規定，在三種情況下（涉及外國或境外勢力介入的複雜情況、對國家存在重大現實威脅、或超越特區執行能力），啟動中央機制，提請權分屬特區政府和國安公署。若香港國安情況不惡化，而特區政府執法穩當、國安公署恪守本位，相信絕大部分案件會由特區機制處理；但若中央對香港的執法和司法缺乏信心，則會依賴國安公署及內地審訊機制。此國安法下的雙管轄權制乃新生事物，並非回歸時的原先構思；澳門 2009 年按

8　例如：澳洲的情報調查機構 ASIO 便直言其擁有特權去做出一些其他情況下視為非法的行為（"when investigating threats to Australia's security, the ASIO Act allows us to do certain things which would otherwise be unlawful"），並容許以國家安全為由而不公開審訊。美國 9・11 後國安法律如《愛國者法》的嚴厲和擴權更不在話下。

其《基本法》自行為國安立法，就沒有類似安排。

從政治視之，中央宣示「一國有底線，兩制有邊界」，以嚴法規範行為。但是，近年香港局面惡化不只是因少數港獨或分離主義份子煽惑，或受外國及境外勢力策反，而是源自深層次、結構性的政治社會矛盾，致不少市民及年輕人離心。國安法能針對分裂國家、顛覆國家政權、恐怖活動及勾結外力危害國家安全等罪行並起阻嚇作用，但人心工程須靠其他政策舉措，以贏回一些流失的民心。

廣大市民關心國安法對其切身自由和權利帶來的實際影響，正如有人說「不怕國安法，只怕亂執法」。《港區國家安全法》開宗明義說，要維護《基本法》所保障及兩條國際公約所適用於香港的人權和各項權利自由（第 4 條），但普羅百姓只看條文表面及執行手段，然後從避險的本能反應作最差情景的解讀。他們部分不滿極端抗爭造成對社會的破壞，冀求撥亂反正、回復安寧，但不表示認同政府表現或信任在位者。一個撕裂的社會容易小事化大，以偏概全。

一切視乎執法及司法是否公正，以及不會為求把震懾最大化而寧枉莫縱，變成濫權，否則會帶來兩種結果，延續惡性循環：一是人心不服，用盡方法挑戰，如此又會導致執法機關加大力度、擴大打擊面，造成國安處處、人心惶惶；一是寒蟬效應加劇，若人們感到很多與國安扯不上邊的言論和行為自由，再不能像過去般享有時，則「一國兩制」褪色、末日論等推論自有市場。潘朵拉盒子既已打開，「兩制」關係勢將調整，特區往後發展路徑會變，可說進入「二次過渡」。

未來仍是中美大國共存競爭的膠着格局

今天香港處於美中角力夾縫中，兩國相爭，香港必會受傷。香港衰敗，以 GDP 比例而言，對中國影響或許有限，但以國家綜合力量和融入國際的大局利益來說，則不能小視或失去香港。無論上海和深圳如何進一步經濟升級，也不可能取代香港，此乃體制使然。香港若倒下，受益的會是新加坡。在目前美國打壓的危機中，既要攘外更需安內，對全國如是，對香港也如是。

激進抗爭派、攬炒派把前途押在美中全面決裂上，求大亂以破局，設想於中國崩潰或受壓讓步，乃屬豪賭、空想，所謂的「支爆論」已經破產。全球地緣政治雖在急變，但實事求是看，終局不會是美中全面決裂，或其中一方崩潰。蘇聯式瓦解，不會像西方反共政客一廂情願在中國重演。與此同時，美國就算無法一國獨霸下去，也仍具不能忽視的呼風喚雨實力。

2018 年曾說西方押錯注於中國改革開放的《經濟學人》，兩年後這樣分析：

有一事是清晰的，以為對峙便可令（中國）投降乃誤導之期望。美國及其盟友須預備一極為長期的開放社會與中國國家資本主義之間的競爭。圍堵不會奏效：與前蘇聯截然不同，中國的龐大經濟體系是精密並與其外在世界融合的⋯⋯中國達 14 萬億美元的國家資本主義經濟實力不是靠希望便會消失，是時候放下幻想。("One thing is clear: the hope for confrontation followed by a capitulation is misguided. America and its allies must prepare for a far longer contest between open societies and China's state capitalism. Containment won't work: unlike the Soviet Union, China's huge economy is sophisticated and integrated with the rest of the world…. The strength of China's \$14 trn state-capitalist economy cannot be wished away. Time to shed that illusion.")[9]

　　從全球經濟發展及穩定而言，美中兩國可說都大到不能倒（too big to fall）。中國在國際供應鏈及消費、投資上的作用不容低估。新冠肺炎疫情下，中國經濟仍見增長，但美國、歐元區及英國均大為衰退。大疫過後全球經濟要復甦，仍得看中國因素，比 2009 年全球金融海嘯之後尤甚，而像上次一樣，中國因抗疫有方，在疫後世界的相對經濟實力會進一步增強。中國崛起，挑戰美國單極霸權，固然引來西方陣營不安，但中國並非（亦無法）取代該秩序，遊戲規則或將調整，趨向再均衡。在可見未來，相信仍是中美大國共存競爭、「中國不倒、美國不敗」的膠着格局，合則共贏，鬥則雙輸。

　　因應巨變，中央已實質大調整對港政策，不是由「一國兩制」變成「一國一制」，而是與九七回歸時不同假設和期望下的「一國兩制」，而美國在特朗普政府下，主動更改定位香港為「一國一制」，終止九十年代以來的《香港政策法》構思。因此，香港往後前途已改，「一國兩制」的環境（context）已變，如何重生及再出發，無法再循舊路徑。

---

9 *The Economist*, "The Chinese Model", 15 August, 2020, London, p. 9。也參考同期 "Briefing: China's hybrid economy", pp. 15-18.

　　回歸後中聯辦首任主任姜恩柱曾說過「香港是一本難懂的書」，若不懂得好好了解、處理和欣賞香港的異質性，動輒要求趨同，驅使本來「大中華」傾向者產生疏離，懷疑論者變成抗拒者，年輕一代自決、分離情緒日盛，於是中央又更強硬反應，自我應驗預言式的惡性循環下去，香港就會承受不了，在國際上失掉應有的特色和光彩。九七回歸前，北京一直以大局觀去處理香港問題，具備多元戰略考慮，包括面向國際、與西方陣營互動、發展對台關係及經濟多邊等，而不局限於單維的中央與特區關係及國家安全角度。

　　中央怕失去香港，完全可以理解。愈是焦慮，愈須慎重處理一些本為人民內部的矛盾，以免墮入人家的政治圈套。固本清源，須全面而務實地檢討這麼多年來的港人「人心回歸」問題。香港之亂，固然有美中角力（鬥爭）的大環境，受其所牽制，但不宜簡單地把兩者混在一起，因為香港問題始終源於內部因素。

　　香港的失治失序，歸根究底源自內部深層次的社會政治矛盾，以及第 4 章分析的管治體制失效，使難以政通人和，致為外力所乘。要突破內部困局、死局，唯有靠政治重建和社會和解。對外若要擺脫美國掣肘，便得更重視國際形象和輿論，廣交朋友，並一改從前主要望北美的國際觀，致力改善及提升與歐盟、東亞、東盟、南亞等國的關係，營造真正的全球視野，除商貿經濟外，也須注重文化教育交流。換句話說，香港的國際身段要放得軟，並且須下更大決心去維護自由法治之都的品牌，為國為港，切忌讓國際城市變成「國安城市」，務求使「一國兩制」真正行穩致遠，使任何扭曲之辭不攻自破。

　　好好解決香港問題，既可紓緩矛盾、爭回主流民心，也可同

時藉此為緩和中美關係提供巧妙的切入點。如全國政協副主席、首任特首董建華於 2020 年底所言，中美本可互為包容合作，携手解決一些世界共同面對的問題，如大疫和貧窮，但香港問題已成為一個障礙（sticking point）。[10] 理順香港問題，有利於改善美中關係。這個契機，對北京如是，對拜登總統新政府也如是。

---

10 董建華於英文《南華早報》舉辦的中國會議（China Conference）上致詞。Cannix Yau, "Ex-leader Tung Chee-hwa warns that Hong Kong has become a sticking point preventing better China-US relations", *South China Morning Post*, 2 December 2020, Hong Kong.

參考閱讀

- 特區政府：《2020 年全國性法律公佈》：《中華人民共和國香港特別行政區維護國家安全法》，香港，2020 年 6 月 30 日（晚上 11 時起在香港特區實施）。https://www.elegislation.gov.hk/hk/A406!en-zh-Hant-HK.assist.pdf?FROMCAPINDEX=Y#:~:text=%E5%88%A5%E8%A1%8C%E6%94%BF%E5%8D%80%E7%B6%AD%E8%AD%B7%E5%9C%8B%E5%AE%B6%E5%AE%89%E5%85%A8,Hong%20Kong%20Special%20Administrative%20Region%E2%80%9D%20。

- Kishore Mahbubani, *The New Asian Hemisphere: The Irresistible Shift of Global Power to the East*, New York: Public Affairs, 2008.

- The White House, *National Security Strategy of the United States of America*, Washington DC, December 2017.

- National Security Council, *Statement from National Security Advisor Robert C. O'Brien*, Washington DC, 12 January 2021. https://trumpwhitehouse.archives.gov/briefings-statements/statement-national-security-advisor-robert-c-obrien-011221/. 附有基本上解密的 *United States Strategic Framework for the Indo-Pacific* 文件。

- Kevin Rudd, "Short of War: How to Keep U.S.-Chinese Confrontation From Ending in Calamity", *Foreign Affairs*, New York, March/April 2021. Kevin Rudd（陸克文）乃澳洲前總理（2007 年至 2013 年 10 月在任），現為亞洲協會政策研究院（Asia Society Policy Institute）首任院長。

第三部分　前路

第 8 章 | 香港出路何在？

　　2020 年乃香港特區《基本法》頒佈三十周年，鄧小平提出「一國兩制」概念也已約四十年。「一國兩制」曾順利解決香港回歸祖國的歷史問題，廣受國際肯定，並為上一代港人帶來無限想像（包括當時民主派的「民主回歸論」）。不過回歸過後，兩制張力漸現。如本書上一部分分析，近年香港與內地矛盾日多、疏離日甚，既源自政制改革不前，也因兩地往來日頻帶來融合之痛，社會承受能力受壓而衍生種種反彈。本土意識澎湃及中央國安意識反應下，兩制關係走下坡，終藉修例風波觸發全面政治衝突，且蔓延至社會、文化及經濟層面。全國人大常委會通過《港區國家安全法》之後，美國特朗普政府向香港作出制裁措施，聲稱香港已不再香港、淪為「一國一制」。中央政府多番申明：《基本法》的初心和本意不變、「一國兩制」的方針不會變、不動搖，「一國兩制」的實踐不變形、不走樣。

中央長期的底線

自八十年代初提出「一國兩制」起，中央一直有其政治和國家底線，從未改變。在此再引述當年鄧小平的説法〔粗體乃筆者加上〕：

凡是中華兒女，不管穿什麼服裝，不管是什麼立場，起碼**都有中華民族的自豪感。香港人也是有這種民族自豪感的**。香港人是能治理好香港的，要有這個自信心。

港人治港有個界線和標準，就是必須由以愛國者為主體的港人來治理香港。未來香港特區政府的主要成分是愛國者，當然也要容納別的人，還可以聘請外國人當顧問。什麼叫愛國者？**愛國者的標準是，尊重自己民族，誠心誠意擁護祖國恢復行使對香港的主權，不損害香港的繁榮和穩定**。只要具備這些條件，不管他們相信資本主義，還是相信封建主義，甚至相信奴隸主義，都是愛國者。我們不要求他們都贊成中國的社會主義制度，只要求他們愛祖國，愛香港。

—— 分別會見香港工商界訪京團和
香港知名人士鍾士元等談話要點，
1984 年 6 月 22、23 日

切不要以為香港的事情全由香港人來管，中央一點都不管，就萬事大吉了。這是不行的，這種想法不實際。中央確實是不干預特別行政區的具體事務的，也不需要干預。但是，特別行政

區是不是也會發生危害國家根本利益的事情呢？難道就不會出現嗎？那個時候，北京過問不過問？難道香港就不會出現損害香港根本利益的事情？能夠設想香港就沒有干擾，沒有破壞力量嗎？我看沒有這種自我安慰的根據。如果中央把什麼權力都放棄了，就可能會出現一些混亂，損害香港的利益。所以，保持中央的某些權力，對香港有利無害。大家可以冷靜地想想，香港有時候會不會出現非北京出頭就不能解決的問題呢？過去香港遇到問題總還有個英國出頭嘛！總有一些事情沒有中央出頭你們是難以解決的。中央的政策是不損害香港的利益，也希望香港不會出現損害國家利益和香港利益的事情。要是有呢？所以請諸位考慮，基本法要照顧到這些方面。有些事情，比如一九九七年後香港有人罵中國共產黨，罵中國，我們還是允許他罵，但是如果變成行動，要把香港變成一個在「民主」的幌子下反對大陸的基地，怎麼辦？那就非干預不行。干預首先是香港行政機構要干預，並不一定要大陸的駐軍出動。只有發生動亂、大動亂，駐軍才會出動。但是總得干預嘛！

　　—— 會見基本法起草委員會委員講話，

1987 年 4 月 16 日

　　概括之，有三條：（1）港人都要有中華民族的自豪感。（2）「港人治港」必須由以愛國者為主體的港人來治理香港，而愛國者的標準是，尊重自己民族，誠心誠意擁護祖國對香港的主權，不損害香港的繁榮和穩定。（3）若出現損害香港根本利益的事情，或把香港變成一個在「民主」的幌子下反對大陸的基地，中央就非干預不行。

何謂「香港」

回溯上世紀八十年代，中央向港人大致承諾，九七回歸祖國後維持現狀，一切不變，然則今天的香港是否仍應保持四十年前一模一樣，這當然不可能，也不科學。社會須與時俱進，不能只向後看；世界在變，國家也不斷發展，香港在回歸後反而過於在變與不變之間徘徊，邁不出大步改革，以回應時代需要，較徹底地解決一些社會政治深層次矛盾，推展經濟轉型。所以，保留「香港」所指的，乃過去定義香港的制度特色、核心價值，以及企創和人文精神，這些元素歷久彌新，若失去它們，則香港便不再香港了。

回歸歷程中，撇開關於民主的爭拗，中央與香港社會存在保持香港作為自由、法治和國際化都會的共識。過去香港在英殖專權統治下，能突圍而出，創造經濟奇蹟，靠的就是這三條支柱，當然還有二戰後冷戰時期的天時地利（即地緣經濟和政治）因素。除經濟活力外，猶記得當年海外華人關心國是，比較陸、港、台三地時，多認為香港雖無民主，卻享有法治和自由，遠較台灣及中國內地優勝，港人也常引以為傲。九十年代起，三地均在改革轉型，但香港的自由和法治仍一枝獨秀。早年基本法諮詢委員會主任安子介（實業家，也是基本法起草委員會副主任、特區籌委會副主任）就曾倡議「港法治港」，反映那時上層社會的關注。

可以說，《基本法》的精神重於維持港式自由和港法基本「不變」，以延續香港的開放市場經濟和自由港特色，保持與西方世界的聯繫。從歷史看，香港的品牌一直依託在其自由開放和國際連繫之上，中央那時高度珍惜的也就是這樣的香港特質。就算經歷

了過去兩年的政治動盪和折騰，以及「兩制」之間日趨緊張的關係，相信中央領導層仍在堅持保留香港特色、「一國兩制」仍要走下去。

問題是，持續的亂與變，是否已把原有的香港弄得支離破碎、傷筋動骨，回不到本來精髓？從香港人的角度看，香港元氣大傷，對這座曾一度光芒奪目的城市，似愈來愈感到陌生。一些企業和專業人士，不因政見原因，而是眼見社會的撕裂和崩解，擔心自由收窄，以及復元欠望，為家庭子女而選擇移民他國，另謀出路。他們都屬於香港寶貴的人才資產。雖說人去人來，九七前也曾因對香港回歸缺乏信心而出現大規模的移民潮，移民者不少在九七後看到香港仍是香港，携全家或讓子女回流，但今次的移民潮是否也屬觀望之舉，端視乎在危機和極端衝擊過後，香港能否真的活回香港，重拾朝氣、自由與包容，以挽回本地和國際信心。在此勾勒一些關鍵考慮。

「弄假成真」的「攬炒」

回歸二十多年，經過一場「弄假成真」的「攬炒」式抗爭後，中央引入港區國安法和特區新選舉制度。民主進程固然暫時停下來，香港的自由和法治也正經歷重新詮釋。有人濫用「自由」凌駕一切社會秩序應有的規範，有以「違法達義」的論述去含糊化法治精神，有以法庭獨立審訊結果不符自己要求便攻擊法官、標籤政治顏色，而且政治分歧引進校園，令校長和老師承受無比的外在壓力、家長擔心子女受政治灌輸。

　　社會上「藍」「黃」對立之局已成，廣義上，「藍絲」支持北京政策、親中共、重視民族主義和法紀秩序、支持建制，但當中也有不滿政府不夠強硬、質疑林鄭特首能力和忠誠的；「黃絲」則疑共反共、不滿北京政策、排斥內地，當中有自由派、有不滿林鄭特首、不滿建制派者，有傳統泛民、自決派、分離主義者等等，光譜很濶。政治極端分化下，藍黃兩邊民粹主義不斷按其「鬥爭」需要，把自由和法治扭曲、甚至「武器化」。社會仇恨撕裂下，人們寧取政治正確、狹隘與偏見；社交媒體充斥偏激的言論，以至偽新聞、假真相。以前的理性、開放、兼容，皆輕易地拋諸腦後，為的是逞一時之勇、求一時之快。抗爭中各方的過分暴力和破壞行為，都以正義或法紀為名，香港過去經常強調的人本、關愛、和而不同，不知何時已被靠邊站。

　　無論黃藍陣營、基層中產、工商專業、公務人員、教師學生等，均感到心情鬱結無奈，在過去兩年逐漸失去對香港的信心，失去以往的自豪感。黃台之瓜何堪再摘？抗爭運動曾令國際矚目，卻缺乏 endgame（終局出路）。若為求政治正確便可否定社會上應有的共融和諧及其他核心價值，那麼法治和自由最終必被削弱，而香港作為自由城市及國際都會地位必受質疑，港人長期以來建立的制度自信便無以為繼，香港便不再香港。若果香港失掉對國家的歸屬，則其來自「一國兩制」的支撐也無從談起。今天，一些「出走」海外、對香港不存希望的人，卻信誓旦旦聲言在香港以外建立全球性的「香港人」網絡和精神，只屬虛妄的自言自語。香港命運最終要由留港、以香港安身立命、關心國家未來的人去把握。

　　常言道破壞容易建設難、反對容易當政難。市民一般明白箇

中道理，故追求的仍屬體制內的改革。管治的挑戰在於處理社會
上存之已久、不易解決且涉及錯綜複雜利益的老大問題，並非單
靠開庫派錢或強制力量就能奏效，需要社會同心凝聚意志、肯接
受利益取捨，才可踏出改革步伐。改革乏力，則反過來再打擊政
府公信，惡性循環；或怕改革，因怕導致更亂更失控。這種動彈
不得、進退維谷、乾坤無路的狀態，對香港至為不利。當人們看
不到出路，就不再想像希望了。

京港均擔心「一國兩制」走樣

從不同角度，中央政府和香港社會近年均擔心「一國兩制」走
樣。中央怕港人只講「兩制」、抗拒「一國」。於是，2014 年發佈
《「一國兩制」白皮書》強調中央的「全面管治權」。另邊廂，不
少港人則怕中央只強調「一國」而忽視「兩制」，以國家權力凌駕
特區高度自治權，事事介入，一切直管，例如，2020 年國務院港
澳辦和駐港中聯辦重申中央對特區的高度自治權具有監督權力，
而「兩辦」代表中央處理港澳事務，便引來「西環治港」的進一
步懷疑。日益浮面的存在主義（existential）危機，令「兩制」關
係由兼容走向互防，這不是健康徵兆。

雖然《基本法》承諾五十年不變，人們仍擔心 2047 年香港會
否必然全面融入內地體制，變成「一國一制」？一個於九七回歸前
安定民心的表述，逐漸構成將來的不穩定因素，連商界、專業人
士及投資者也開始關注，年輕一代尤甚。香港走下去會怎樣，在
檢討「一國兩制」及思考 2047 年後的前途時，需回答兩大問題：

（一）「一國兩制」是權宜還是有其實在性必要？「一國兩制」最初當然是解決九七歷史問題的權宜性方案，因為「香港獨立」和「一國一制」皆非選項。但「一國兩制」也是配合中國改革的共贏方案，實踐得好，內地和香港儘管制度不同，都能獲得發展新動力，此乃實在性所在。當年鄧小平曾多次表示希望在內地多建幾個「香港」，以推動中國現代化及與國際接軌。今天，內地已得出本身獨特的發展模式，不必仿效香港，但以中國之大，更可以容納不同的城市或區域典型和多元的發展經驗（香港、上海、深圳、長三角、珠三角、環渤海、東北、中部、西部等等），又怎須硬把香港與內地同質同制化呢？香港能做的、可做到的，內地城市包括上海、深圳不一定可以，故維持「兩制」各自特色、互補互惠，應是兩地人民的最大公約數。

（二）內地經濟崛起後，香港還有價值嗎？歷史上香港的發展從來沒有脫離中國因素。英治年代，香港的轉口港地位依賴的是中國及遠東貿易。中華人民共和國成立後，香港諷刺地受惠於冷戰，加以東北亞及東南亞政局不穩，故香港的自由港優勢遂能展現無遺。北京對英治下的香港，一直視作突破美國圍堵中國下的對外物資和信息「缺口」，及後期隨着內地開放加強面向世界的「窗口」。由於香港的中西交匯歷史，故能長期發揮中國與西方世界接軌的戰略作用，其作用不應因九七回歸而褪色，反應因中國更開放並立足於國際而強化，這是特區的一個不能替代的特殊作用，也是可藉《基本法》賦予的「中國香港」身份，取得進一步發揮作用的空間。

七十年代末，內地擺脫文革，進行改革開放，香港工業北移後，專注服務、專業與金融，成為國際金融中心，發揮中國與世

界之中介作用。內地近年成為世界工廠及最大消費市場，外資湧入、大型國企民企走出去，香港也從中受益。九七回歸，適值中國內地在鄧小平 1992 年南巡講話後加速改革開放，確定全面走市場化社會主義道路，其後 2001 年中國正式加入世界貿易組織，投入全球經濟一體化的新浪潮。新千年內地發展加速，尋找有本身特色及合乎國情條件的發展路徑，2008－2009 年全球金融海嘯帶來有危有機，中國因時際會乘勢崛起，追趕美國成為 G2 之一，中美經濟合作曾一度獲得 "Chimerica" 之雅稱。

內地崛起後，香港不再一枝獨秀，其經濟體積佔全國比例持續下降（至今少於 3%），實乃必然，而上海與深圳的發展速度皆超過香港。在美中比較友好的年代，香港可如魚得水，但今天美中交惡，香港難以左右逢源。當中央感到香港成為國安威脅，而美英等國家認為香港急速內地化而疏遠時，香港的特有作用便難展所長，其過往的「超級聯繫人」角色漸成疑問，香港須予全盤反思，檢討強弱機危，以求突破。

無論如何，「兩制」推行二十多年，實際上已你中有我、我中有你，利益與互為影響盤根錯節。循路徑依賴，相信無人會隨便主張 2047 年取消「一國兩制」、一切推倒重來。回歸後既多了社會和經濟上的互動合作，也經歷了政治衝突（如政改、國安立法等）。經濟融合對雙方皆有好處，但由於兩制之間存在經濟體積、開放程度和發展水平的「不對稱」，[1] 也產生諸多張力，包括香港

1　宋恩榮教授分析，見 Y. W. Sung, "Becoming Part of One National Economy: Maintaining Two Systems in the Midst of the Rise of China", in T. L. Lui, S. W. K. Chiu and R. Yep (eds) *Routledge Handbook of Contemporary Hong Kong*, London: Routledge, 2018, pp. 66-86.

有限的供應能量和承受力問題。「一國兩制」不應是零和格局，但多年來在實踐上未有處理好「異」與「同」之平衡，致體制與文化矛盾不減反增。往下去，香港還能夠是香港嗎？備受考驗。

「港人治港」陷入困局

八十年代，北京原以為「接管」英殖的官商精英共治秩序，轉移效忠，便可長治久安。不料回歸後「港人治港」意識澎湃，民主的爭議主導一切，卻未有好好解決，並藉身份政治冒起而擴大發酵。本來回歸後適值亞洲金融風暴，已暴露出香港政治經濟結構諸多缺陷，但既得利益及議會黨派不思進取，且體制束縛，致多年來錯失改革機會。

但也不是完全沒有反思，較突出的是曾蔭權主政時頗有系統地提出管治上須理順的「十大關係」，即：發展與保育、民主與管治、行政與立法、權利與義務、貧與富、大企業與小市民、一國與兩制、中央與特區、香港與國際、及進步與停滯。他試圖在矛盾中減少二分對立，並豪言要將香港建設成一個具備多元文化、充滿創新活力、不斷向前發展的國際大都會。無奈跟進乏力，並受制於社會碎片化和政爭，且政府內和社會上不干預主義之幽靈不散，致公權力運用不足甚或不善。

英治晚期開放立法局，逐步建立民選議員制衡行政專權的議會文化，新興的民主派和傳統愛國左派均全情投入議會選舉，發揮監政問政角色。九七回歸後，大抵上行政立法互為牽制，泛民主派雖以反對派定位，仍能與建制派及政府存在一定的良性互

動、有商有量。早期立法會內泛民、建制兩大陣營，更曾聯手向政府施壓，爭取經濟民生方面的一些改革。這種議會常態大致維持至曾蔭權政府年代初段，曾蔭權曾一度以「全民特首」定位，但因政改爭議與泛民主派愈行愈遠，最終只能依賴建制派在議會內的支持。

梁振英於 2012 年中出任特首後，泛民主派基本上反梁，事事針對，在立法會上動輒拉布，拖延程序；「佔中」後立法會成為激化的泛民主派在街頭外另一抗爭前線。林鄭月娥特首 2017 年中上任之初，曾跟溫和民主派有一短暫蜜月期，但修例爭議變成暴力抗爭後，泛民主派全面走向抵制式政治，激進抗爭漸成其新主流。中央擔心泛民「奪權」，視泛民反對派的一舉一動皆旨在癱瘓施政，故也進入政權保衛戰的反擊狀態。至此，立法會的「議會政治」陷於失效。

泛民主派只知反對政府、不信任北京，認定「創制無權」、「反對無用」而採取「但求否決」式手段，始終弄不清在「一國兩制」下的特區，可當一個怎樣「有為」的體制內反對派；反過來，北京也愈來愈不信任泛民主派，視為破壞者。一個注定只能永遠在野、認定受政權打壓的反對派，除了不斷散發末日悲情外，又可怎樣為社會帶來振奮和希望？建制派同樣不能執政，其角色好像注定乃當反對派的反擊力量和選舉對手，在議會內為政府護航，這種配角作用又可如何為他們去廣納政治人才呢？

至於特區政府團隊，雖於 2002 年換了政治委任的外衣，但骨子裏仍是行政思維，因缺乏選舉洗禮，仍患政治貧血病，未能好好掌握群眾語言、與民溝通而流於官樣文章，未能真正走入群眾。當社會政治上相對穩定，老皇曆還可勉強應用，但經過 2019

年以來的急風暴雨，大氣候已經面目全非，原有的體制及其支撐邏輯與思維不再管用，已處於施政動輒得咎、事倍功半、舉步維艱的境地。由於政府的權威和民望低落，愈來愈難吸引精英人才入閣從政。

　　另一變軌是精英層的分化，政府在政商專業精英層中的凝聚能力持續下滑，表面上的「俾面派對」背後，是愈來愈多在政策和政治上與政府的對陣和張力，在在反映承襲自港英的管治利器等（行政吸納、諮詢組織、「舊生會」式的精英共識等），至今已鋒利不再。現實的政治生態已變得利益高度分化、碎片化、偏激化、去權威化，而這些趨向在互聯網和社交媒體「後真相」年代尤其凸顯。其實不單在香港，全球各地均進入一個猜疑所有建制權威、陰謀論過盛、偽新聞泛濫、互信缺失的新時代。

　　政府因修例危機處理進退失據，致失掉主流民心和公信力。泛民主派陣營的「和理非」群眾，被迫認同激進自決派的勇武路線，而親北京、親建制那邊也朝反方向激進化，雙方皆埋怨政府失去管治能力，做成社會嚴重撕裂，令原有的「港人治港」操作難以為繼。政府穩定乃從前香港的一個特色，論者普遍認為香港社會相對平和，缺乏其他社會因種族、宗教、意識型態或黨派政治做成的嚴重分裂，而且政府自晚殖時期起也重視民意諮詢。修例危機後，一切改寫，以致有人擔心香港陷入「北愛爾蘭化」。[2]

2　指上世紀七十至九十年代北愛爾蘭反英獨立鬥爭、共和軍與英軍街頭作戰、恐怖與暴力蔓延、天主教徒與基督教徒互相仇殺的那一段慘痛歷史。

舊政治應對不了新變局

回歸初期穩住社會的四大板塊 ── 即政務官系統、工商專業精英、傳統愛國左派及新興民主派，在二十多年間經歷衝擊分化。到今天，政務官神話不再，建制陣營新舊競逐，深藍新愛國群體崛起，泛民之主流派飽受自決抗爭派排擠。政府駕馭乏力，建制派穩定不了大局，傳統泛民迷失方向，因此精英焦躁，草根傍徨，年輕人反叛，香港不復營商樂土。此乃特區近年政治失序的底因，從前的均衡和遊戲規則不復有效。

過去兩年的動亂、暴力和撕裂，釋放出方方面面的小魔鬼，改造了現實環境。香港社會無所適從。有以為可像棋局膠着時打翻棋盤推倒重來般，亂中求勝，這正是激進抗爭派「攬炒」背後的意圖。美國特朗普政府當時銳意推翻過去規則（rules of engagement）、製造亂局、打擊中國，也是同一套路。

動盪下，北京以國家力量重整特區政治秩序，但着眼點已不若從前。泛民面對的選擇，只是參與還是徹底退出而已；進入體制當反對派，必涉妥協，但長期的體制外抗爭可達到怎樣的結果，他們參考本地英殖年代和外國的經驗教訓，應可想像。撕裂後兩極民粹高漲，一方但求擴大抗爭、癱瘓政權；另方認為動亂顛覆未止、鎮反重於改革。若如此繼續膠着，怎會有突破？

世代更替，時代已變，香港如此，內地如是。八十年代定調於維持現狀及少變的「一國兩制」假設，顯然已與當今現實脫離。無論是中央政府、建制派還是泛民主派，再不能仍按回歸前後時期的舊思維，去對應變局。亂後求治，需社會恢復元氣、和解革新，惟說易行難。

昔日經濟強勢，今天原地踏步

　　香港曾是經濟強人，其經濟優勢，如金融、貿易、航運、專業服務、總部經濟等，建基於與美歐緊密聯繫及自由開放城市，長期靠吃西方市場，利用內地勞工、土地及惠港政策，並受惠於內地龐大的供需市場，由此確立了其國際樞紐及超級聯繫人地位。但全球貿易已經東移，上世紀的「前店後廠」、內產外銷漸成過去，對內地的經濟示範作用也在式微，香港的中介角色須予重塑。

　　中國內地改革開放已過四十年。經過多年粗放式發展、學習西方、融入世界後，經濟已晉級轉型進入密集式發展階段，近年決意走大國道路，確立新時代秩序。植根本身政經體制特色的「中國模式」，結合國家資本、創新科技和集權規劃，在舉國體制下，黨政合一、國營企業充當經濟發展與創新龍頭、市場配合國家。新秩序要求香港在經濟上融入國家發展大局（包括粵港澳大灣區規劃），政治上納入國家全面管治框架。這跟九十年代各自發展的「井水河水」論大相逕庭，主導着中央從全國視野對「一國兩制」的把握。

　　回歸多年香港進步緩慢，董建華年代已提出發展高新科技、產業升級轉型，可是一直只聞樓梯響、不見人下來；至梁振英主政才成立創新及科技局，藉解決香港與深圳邊界落馬洲河套地區的屬權問題，而設立港深創新及科技園，但創科局的成立定編過程，卻受到泛民議員在立法會拉布不斷拖延。政府自曾蔭權年代起嘗試發展新產業，卻成效不彰，競爭力被一些內地城市趕上甚或超越。面對國家高度重視、並與美國爭雄的能源、數據、信息

科技、生物科技、基建技術等新經濟領域，香港又可怎樣跟內地產生互補互利的接合？香港多所世界級大學優秀的基礎科研實力，又可怎樣有所發揮和應用呢？

而且近年處處表現為向中央討優惠、依賴內地因素（包括一些建制派人士尋求內地「借島」讓香港建屋解決住屋短缺問題），2019 年起充斥反中、反內地意識的政治抗爭，更令內地官民對香港反感。經濟突破乏力，精力日益為政治爭鬥所噬，現遭受美歐排擠、內地另闢發展模式等挑戰，香港如再不思轉型，怎能重拾振興活力？對內治理未能發揮「港人治港」優勢，因循的政策思維對社會分配矛盾束手無策，所以根本問題是：**今天香港憑什麼可例外下去？**

不能再迴避轉型之痛

九七回歸時全國引以為傲的皇冠寶石，至今被貶為國家的政治包袱和國安短板，這必然反映到中央的政策調整及對香港未來新秩序的構思。「一國兩制」下例外空間會否收窄，端視乎香港之異是否仍為國家發展所需所用、仍受國際重視。可是美中角力下，美國遏中打港，削弱香港的國際化地位。全球極端民粹四起，麥卡錫式反共恐慌做成西方懼華反華，中央以國家安全作為對港政策主旋律，但慎防把香港驅向疑外怕外、草木皆兵的「國安城市」。故未來挑戰是：**香港怎樣維持自由開放之國際都會？**

前述上世紀香港經濟奇蹟，靠的是自由、法治和國際化三大支柱，使海納百川，匯聚各方人才、資本和訊息，保障產權，支

撐競爭、專業和企創精神。今天時勢逆轉，內外秩序巨變，香港
不能再守株待兔，迴避經濟及政治轉型之痛。三大支柱若受動
搖、扭曲，則香港不再香港。新一浪的移民潮正令香港失掉不少
有為的中、新生代人才，若又發揮不到新時期「國家所需，香港
所長」的作用，則中央為何要保留所謂香港特色？若香港無法藉
制度改革修補撕裂，則難以凝聚力量和自信向前。

　　所以，擺在港人面前的時代挑戰，已清楚不過，不能再沉醉
於過去燦爛、盲目樂觀，或寄情於虛妄，墮入一個等待復等待的
怪圈。更不能放縱悲情，放棄對未來的希望。

參考閱讀

- Anthony B. L. Cheung, *Can Hong Kong Exceptionalism Last? Dilemmas of Governance and Public Administration over Five Decades, 1970s-2020*, Hong Kong: City University of Hong Kong Press, 2021。
- Stephen W. Chiu and Lui Tai-lok, *Hong Kong: Becoming a Chinese global city*, London & New York: Routledge, 2009.

第 9 章 ｜ 亂後如何重建

經歷 2019、2020 年的大亂，香港形勢急變，中央對港政策也作出了重大調整。此時此刻，香港內有持續政治二分、官民對立，上有中央直接引入《國安法》「金剛箍」並整頓特區選舉制度；外有美英等西方國家的制裁。變亂處境中，民心虛弱，可如何走下去，如何重建重生，須務實思考。

當務之急乃挽回民心

回歸以來，建制派一直佔議會大多數，特區政府繼承了港英殖民地行政主導傳統，可是管治上卻愈來愈舉步維艱。一切乃因缺乏民望、底氣不足，經不起二十一世紀民眾力量的殘酷考驗，否則北京也不用擔心香港失控而直接動用國家力量去鎮住局面了。部分建制中人因北京重手整治特區而雀躍萬分，認為終可撥亂反正，進入「二次回歸」，但若社會政治深層矛盾仍在，人心持續不穩，又希望何在呢？

　　儘管較多市民支持泛民黨派，年輕一代近年更一面倒反政府反建制，但不等於認同泛民具執政能力，而是藉泛民「發聲」抗衡而已。在既不信任政府和北京、怕失去自由而又看不到其他前景下，支持不斷抗爭便成為他們的無奈選擇。一些人嚮往走「國際線」，找美歐干預，也折射了自己內在的無能無助感。部分泛民和抗爭派得出「一國兩制」已變「一國一制」的結論，鼓吹悲情的終局想像，可是如何說服市民他們可帶來突破和希望呢？

　　今天的年輕人看不清楚未來，只擔憂香港的自由和高度自治走下坡，為追求保衛本土而不惜「攬炒」。但悲情與仇恨不會帶來希望，只是絕望的呼聲，並曾讓所謂不怕犧牲的「正義暴力」騎劫理性、包容和人道，與香港的核心價值相違。為何他們會陷入極端想法？社會急需反思，不能糟蹋整代人。不認同其衝擊行為仍得去明瞭其所急所懼，包括對國家排斥的因由。

　　參考已故政治經濟學家赫緒曼（Albert O. Hirschman）的分析，[1]當對既有體制失去信心和忠誠，甚至感到其聲音（「抗議」）已不受重視以助改革，人們最後只會「離場」，此乃香港面對的最大憂慮。故當下急務是在新的現實制約下，重建可行並能帶來（哪怕是局部的）民主改革與希望的「港人治港」體制，以逐步挽回民心，並同時厲行社會民生和經濟改革。

1　Albert O. Hirschman, *Exit, Voice, and Loyalty: Responses to Decline in Firms, Organizations, and States*, Cambridge, Mass.: Harvard University Press, 1970.

香港再不能一切如前

泛民之主流派過去爭取普選民主的策略，誤判形勢、進退失據。抗爭派認為泛民爭不到普選乃因過於溫和，於是鼓吹走勇武決戰路線，好像是突破，實則五十步笑百步，其終局想像只屬空中樓閣，漠視現實政治改革所需的妥協藝術（否則只有革命一途）。中央為求反制，寧願付出沉重的政治代價。現在泛民主派已失去關鍵作用，激進抗爭／攬炒派把前途交付美國，也是窮途末路，終會失望，也必受中央打擊。往後香港的政治發展，會由中央主宰，而中央必從維穩角度看問題。

這是新的大局。亂後重建，要承認中央的主導因素，也須接受香港再不能以為可以一切如常（business as usual），急須求變適應新環境新挑戰，重拾香港的實力價值，當中須思考及回應兩大戰略定位問題：第一，香港在國家當下發展大局中角色的變化；第二，香港在美中角力、決裂而不破局的國際政治膠着大局中的變化。上兩章討論已有所論述。

今天，內地對其社會主義制度充滿自信，認為已探索出「中國模式」。不過，無論內地近年如何強調黨政合一，以及全國一盤棋（包括港澳）的「新時代」思維如何發展，香港有別於內地省市的特色不會改變，問題是有多大差別。香港的原有英式制度的一些優點，能否持續還是逐漸同化於國家一元化體制，也要看香港之異究竟可為國家帶來多大裨益。香港長期經營西方市場、利用內地生產要素和惠港政策、奉行小政府大市場、仍停留在傳統經濟領域，現遭美歐排擠、內地另闢發展模式的雙重挑戰下，陷入定位迷思。

　　美國對中國發動新冷戰，主因是中國崛起，美中角力最終關乎全球地緣政治經濟重組，前景難料。當前美國伙同盟國制裁、孤立和空洞化香港之際，香港更切忌自我矮化或加速「內」向化，以為靠吃國家就能渡過難關，而放棄「中國香港」在國際上應有的進取定位和影響力。一個缺乏國際魅力、淪為「另一內地城市」的香港，對國家沒有特別戰略價值。若香港全面「內」向化，則中央怎會重視在同與異之間維持較靈活的平衡，倒不如實質上全面 take over（接管），只保留兩制外殼便算，這仍是「充分利用」，那麼香港便真的走下坡，步入「威尼斯化」。

「再次植根」中國的陣痛

　　中央從來懷疑西方民主模式，近年更視香港為國家安全短板，感到港人缺乏國民身份認同、鬧「分離」並受外力利用以打擊國家及其政權體制。不明歷史因由，就難以準確剖析矛盾和挑戰所在，若因噎廢食或把嬰兒與洗澡水一同倒掉，會造成國家與香港雙輸。

　　香港的身份政治有其歷史脈絡：英治下百多年脫離中國，行英式制度，二戰後冷戰期間作為西方世界面對共產中國的前沿，有長年的疑共反共基因。九七回歸對此格局未有帶來大變（如去殖化、國家化），反因當年中英雙方處理香港問題，但求平穩過渡、安定繁榮，以維持現狀「一切不變」為主旋律。港人由精英至草根皆一廂情願，以為回歸後一切照舊，香港自成一體，接受「一國」卻理不通「中國的香港」當中的複雜含義。

　　殖民地時期，港人拿英國屬土公民護照，有國民之名卻不享其實；進出中國內地使用回鄉證，視為「港澳同胞」。《基本法》把香港永久性居民身份賦予憲制性定義，九七後港人持特區護照行走世界各地，凸顯了其「香港人」身份。公民的政治和社會權利主要以香港永久性居民而非中國公民界定，以照顧香港作為多國籍國際都會的特色，只有特首及三權機關的首要成員須為中國公民。

　　九七前的歷史因素和自身發展出來的港式文化，加上回歸後的法律和政策界定，遂構成與內地國民有別的本土身份認同。這種歷史性存在的本土情結，並非排斥中國、排斥內地的心態，有別於近年才冒起的「仇中」分離主義以至虛無縹緲的香港「獨立建國」論述。明乎此，便須慎防把國家與本土對立起來，因這樣做反會助長隔閡與仇恨。

　　香港的發展正經歷「再次植根」中國的陣痛，二戰後是「中國不好，香港（獨）好」，回歸後是「中國好，香港（才）好」。今天，離開中國，香港沒有出路。不少港人感到香港政治上受制於內地，經濟上也愈加依附內地，看不到優勢和自主所在，失去昔日的自信。若香港故步自封、不思進取，只會自我邊緣化。中央近年推動泛珠合作及粵港澳大灣區發展，固有其全國一盤棋的總體規劃，但仍重視香港之國際都會特色對國家和區域發展的貢獻。若把一切都視為「被規劃」及「被矮化」，那是妄自菲薄、自設屏障、劃地為牢。

　　2019、2020 年的政治危機，雖說明民情求改革、求突破，但與內地關係的基本盤（fundamentals）不變。香港哪些方面可被內地大城市取代、哪些方面無法被取代，應踏實思考。因有兩制之

別，一些它們做到的，香港做不到；但一些香港能做的，它們也做不到。近年深圳雖高速發展，在一些方面超過香港，但取代不了香港的國際性和自由法治的西化都會特色（特別是與英美澳加等國同行普通法）。香港的優勢不在硬體，而在軟體（全球性樞紐、制度活力、專業水平、人才信息和市場開放等），發揮歷史上構成的香港「混合性」（既中且西、國際交匯），除非港人放棄自己。

九七回歸時，內地人民視香港的「異種」為另類實力，香港的身份、經驗與價值受到肯定，在「一國」下構成相對於大陸體系較精緻的「例外主義」體系。經歷今次危機，香港能否再站起來，端視乎怎樣看待和致力「一國兩制」，以面對 2047 的中國想像及香港例外主義。

經濟上求進，政治上休養生息也得求進

世界在變，兩制各自內部皆在蛻變，有同亦有異。「一國兩制」仍是香港未來的唯一選項，但須重拾基礎，正視新環境和全球大局，不能一廂情願。

香港以其國際化而優於內地省市，現遭受美歐抵制，會否令中央失去予以「例外」的誘因？有說香港可積極參與國家的內循環，但若處處躲在國家背後，等於自廢武功，香港不再「香港」。若發揮不到「國家所需，香港所長」的作用，敢為天下先，則香港憑什麼保留其例外的特色？若香港的國家認同備受懷疑，無法取得中央信任，中央也不會放心香港在「高度自治」下自行馳騁。

此乃香港再出發的必要起步點。事情是一環扣一環。香港得在既有憲政秩序下尊重中央的權力、明白其底線所在，而中央也需取信於廣大的香港市民、明白民心所向、民憂所在。

「一國兩制」關乎矛盾協調的實踐藝術，制度張力仍會持續，屬事物規律之使然，關鍵在於究竟是建設性還是破壞性的張力而已。政治和經濟雙重衰退（新冠肺炎疫情更雪上加霜），令香港蒙受巨大創傷。港人須謀求自拔，經濟上要求進、政治上休養生息也得求進，如上一章所說，不能迴避轉型之痛。各方持份者和年輕一代都要深思：香港前途依賴的條件何在？中國還需要一個例外的香港嗎？

中央思考「一國兩制」的未來，核心在於是否維持香港例外主義之延續，須承認並處理好幾個主要矛盾：

1. 如何治理一個目前有大半數（民調顯示可能達六、七成）市民離棄或否定現有政府的國際都會？這涉及**「港人治港」的實踐和政治改革問題**。

2. 如何對待一個在民意和選票上佔多數，但在目前體制下注定當永遠反對派的廣義泛民主派陣營？在新選舉制度下，泛民主派會被限於議會極少數位置。若泛民主派全面退場，表面上議會少了反對派、政府好辦事，但深層而言，特區體制與民眾的鴻溝會擴大，民意基礎會變弱。香港的管治需要的，是建設性的「互動」（engagement），而非對抗性的政治。中央官員常說希望泛民當好「忠誠反對派」、尊重《基本法》憲政秩序，那麼我們便要認真探討**反對派的定位問題**。

3. 如何穩定一個離心日盛的香港民間社會？強調「一國」時，總不能迴避港人以香港的角度和價值去評價內地發展及得失。這涉及**怎樣定義「愛國」的問題**。

4. 如何突破國際上愈來愈矮化香港的新地緣政治格局？這涉及怎樣平衡香港的都會主體性（有若倫敦相對於英國）與其國家屬性並存的「兩制」關係，以及**如何發揮「中國香港」對外作用的問題**。

「一國兩制」本應具備制度活力，關鍵是如何拿揑「高度自治」及做好「港人治港」，使香港與內地皆能從中增值。中央堅持國家主權底線，也須肯定特區高度自治權限與空間，不能含糊。「港人治港」既是人也是制度的問題，須體現市民賦權。要重建特區管治秩序與政治互信，若持續繞開《基本法》承諾的普選，不會帶來根本突破，正如港人過去一直迴避國家安全立法便無助取得中央安心一樣。

誰來治港：重建有限度民主體制

經濟與政治互為依存影響，此所以古典經濟學和馬克思主義言必「政治經濟學」（political economy）。九七回歸，中央重視香港的「經濟城市」，怕搞太多政治會變成「政治城市」。假若社會裏不同利益與多元意見訴求，能透過正常而成熟的政治機制去疏導整合，則不會整天流於政治爭拗，凡事泛政治化，也不致變成「政治城市」。因此，若能好好地解決政制及官民關係問題，有助

於社會上再聚焦合力去解決經濟和民生問題。解決政制問題的責任，最終在於中央。

政治問題須政治解決，否則困局持續下去，只會消耗掉得來不易的制度活力，也會消磨掉社會上（尤其是年輕一代）的願景鬥志，最後令國家和香港都淪為輸家。香港已臨歷史十字路口，是讓失望、挫敗與無奈像傳染病毒般風土化，還是扭轉棋局再展希望，走出再次燦爛的明天？一切都盡在對時局判斷的一念之差。

選舉乃辯論「改變」、造就「希望」之契機，關鍵是怎樣的希望。政府須盡快恢復立法會換屆選舉，並予泛民主派參選的空間，這樣才可體現議會真正的代議功能、代表社會監督政府施政，並須增強政黨的議政角色，使有利於無論是建制派還是泛民主派的轉型，否則仍會陷於過去對施政「成事不足，敗事有餘」的角色。2022 年行政長官選舉乃關鍵時刻，不應因循，須藉此為香港的管治扭轉局面。制度與人事相輔相成，制度敗壞，好人做不了好事；用人選人不當，制度發揮不了作用。

反修例抗爭變質為挑戰國家主權和中央權威的政治對抗，加上激進抗爭派玩火「攬炒」，引美英等外力介入香港，中央視為一場顛覆政權的顏色革命，過去對選舉進程曾有的善意和有限度的政治信任，皆已成疑。中央現在要收拾政治殘局，對泛民主派、自決派等，固然視為破壞力量，怕他們藉選舉佔領足以癱瘓特區「有效施政」的位置。2019 年區議會選舉，反對力量輕易打敗建制派，為北京敲響警鐘，對建制派穩定大局缺乏信心之餘，又感到再難一廂情願以為公務員精英可有效掌握形勢、處理危機、管好香港。這些過去中央信賴的建制隊伍，都未能發揮領導民情和輿論的作用，那麼誰來治港，這才是最讓中央頭痛，三番五次強調

「愛國者治港」反映出箇中憂慮，又期望愛國者能出賢能。

　　雖然港區國安法遏止了社會動亂、清除分離主義，但是中央需了解清楚：為何不少港人尤其年輕一代日趨疏離？為何不信任政府、不認同建制派的民情（起碼在地區直接選舉方面）仍然佔優？長期以來港人固然存在政治盲點，急須反思，但中央也須正視現有體制的缺陷和不到位之處。在可見將來，泛民政黨或許弱化瓦解，但其原有的支持民眾若失去體制內的代言，會加深政治分裂。建制派若仍自我感覺良好、不思革新，也難令中央對特區的未來真正放心。當務之急是如何撫平社會創傷、促進復元和解、爭取中間民眾，而避免激發更多的社會政治矛盾。

　　為何回歸二十多年特區仍未做到政通人和？皆因政制發展只停留在表面，一直未進入實質問題，包括如何產生有政治能量的執政團隊，行政立法關係如何才既有制衡也有配合，如何善用公務員的執行力但又明白其政治局限，如何好好發揮政黨的作用，如何發展具視野和歷練的從政人才等。故空有普選或否定普選，皆無助突破管治困境。至今香港體制內各種矛盾撕裂已悉數浮面，如不全面改革，體制只會進一步劣質化。

　　香港急需重建管治體制，大刀闊斧，使能帶來真正轉機，在死局（現狀）和虛局（「攬炒」）之間，尋求第三條路。目前狀態而言，沒有條件講理想模式，只能在新舊制約下重建可發揮一定效能的有民意基礎的體制，重新上路。中央若仍相信「港人治港」，就須為它注回活力，不能靠直管。經濟自強，對往後香港的發展十分重要，相信也是大多數中央官員對香港的研判。但是，唯有以政改重建有限度民主體制，才可打破困局。政治重建包括兩方面：**一是重建特區政府威信**，有植根民意的領導力，這樣才

能有助行政主導，推動經濟社會民生大革新，重現上世紀七十年代麥理浩革新的「黃金十年」；**二是重塑議會政治**，讓黨派各有所為，以及發展良性的反對派政治。

中央現從上而下動政制大手術，全國人大於 2021 年 3 月通過完善香港特區選舉制度的決定，貫徹「愛國者治港」。新選舉制度下，負責提名和選舉行政長官的選舉委員會擴大至 1,500 人，不單現有界別和分組作大改動，分組選舉減少個人票、增加團體票，又加入「全國人大、全國政協、有關全國性團體香港成員的代表」界別，以照顧國家利益，並選出擴大至 90 人的立法會中近半議席（40 席，即 44.4%），以及擁有所有立法會候選人的提名權，儼如造王者。地區直選議席大減（由 70 席中之 35 席減至 90 席中之 20 席），又取消「超級區議會」（功能組別）普選 5 席，必大挫泛民主派在議會的勢力，去掉其長期佔三分之一強的關鍵少數地位。

回歸以來的政改路徑，是循序增加立法會的「普選」成分，包括 2010 年通過加入「超級區議會」議席，但現在原有路徑不再依賴，而是轉軌再出發，儘管《基本法》的「雙普選」最終目標仍在。新選舉制度能否強化管治、爭回民心，還看往後如何運作。不是凡是愛國者便有治理能力，所以要講政治。制度若缺乏競爭比拼，治理人才便難以脫穎而出，因此選拔制度（包括不同類型的選舉以至公職委任）必須做到開放與公平。以選委會為核心的新政治秩序，會否因選委會界別和分組增多，愈加複雜重疊及碎片化，而立法會內部分散分化也或會比過去更甚，致行政長官和政黨都無力整合，令行政主導更說易行難呢？

政制發展並未因此終結，仍須改革，特別涉及行政長官的產生方式、議會和政黨的作用，以及反對派的定位。「港人治港」的

精神，在於依靠特區管治體制的有效機制和秩序，去應對及解決高度自治範圍內各種需要、矛盾、風險和衝突，而非事事依賴中央介入。因此，**及早以全國人大常委會「8・31」決定為本，落實行政長官普選，方為上策**。唯有獲得普羅市民認同，特首才有真正實在的條件去強政勵治、凝聚全社會，善用公共力量和資源進行社會經濟民生重大改革，規劃未來。

行政與立法須做好互相制衡、互相配合。議會有其問政監察的憲制角色，配合行政不等於橡皮圖章，批評施政不等於阻礙甚至癱瘓施政。**立法會運作需要改革、完善議會生態，朝良性協商發展**。除議事規則須與時俱進外，為促進議會內黨派整合及協商，容許反對派制度化，可實行多數派和少數派領袖制度，並配置額外功能薪津、助理等，多數派領袖自動成為立法會內務委員會主席。加強兩派互動及與政府之間的溝通協調，達至有機的互相制衡關係。

此外，**全面改革地方行政，刷新市政**，於 2023 年本屆區議會任滿後，取消十八區只屬諮詢性質的區議會，代之以五至六個大區的區域管理委員會（暫名），不屬政權組織，負責地區上的文康、街市、街道及環境衛生管理，讓民選委員有發揮和負責的空間，不流於空言，做好市政，以培養市民的在地自豪感。同時應考慮以政治委任方式指派區域專員（相等於目前的民政專員），人選無須必然來自公務員系統。

同時，**重啟公營部門改革、重組局署**，並打破因循、鼓勵創新、精簡程序、推動智能及便民政務，以更好地配合改革型政府，落實社會經濟發展新需要的施政目標。新冠疫情在全球各地已帶來新常態，在公共行政管理和公共服務供給方面，也催生各

種適應和創新模式，不少經驗值得總結。回歸以來，因種種原因，未有好好進行公務員制度改革。經歷 2019 年，中央也關注部分公務人員的政治忠誠。不過，公務員制度改革不能動搖文官制度的根基，高級公務員和政務官縱有這樣或那樣的不足，社會政治能量有限，但其行政能力仍是相對較具保證的，若失去他們的向心力，又未能取得民心，則特區施政能量便無從重建起來。

香港當下舉步維艱，尤須堅定向前。若有求變意志，現在就須為政治重建及革新做好思想上和佈局上的部署，不能再守株待兔或心存僥倖。一萬年太久，只爭朝夕，尤望各方珍惜時機。

結語│香港 2047

　　內地近年流行說，要講好中國的故事。那麼，香港的故事怎樣講？

　　記得 2019 年 9 月，我應邀回到中學母校分享對當前香港困境的看法時，向在學的年輕校友作這樣的開場白：「2019 乃新時代，我屬史前人？」我提出一個問號，因為每一代人都認為歷史由他們才開始，我年少時也曾有濃烈的家國情懷和激進反殖思潮，言必世界革命。毛澤東 1957 年訪問莫斯科時向中國留學生曾說過：「世界是你們的，⋯⋯ 也是我們的，但是歸根結底是你們的，⋯⋯ 」。其實，每一代人都有每一代的挑戰，上天十分公平，而「一代人只能做一代人的事」（電視劇《走向共和》裏李鴻章對梁啟超的回話）。世界並非按單純浪漫的想像而發展，也不是白紙一張，由零點起航。

　　所以，無論 2019 年如何震撼，香港的年輕一代如何把整座城市弄得翻天覆地，當抗爭運動視作香港新紀元的開始（或者其後悲情和宿命者的「香港已死」轉捩點），香港的故事不能抽離於歷史及國家與國際大環境。現代香港的誕生，源自清末中國的積弱

腐敗。1842 年鴉片戰爭滿清戰敗，割讓香港，是英治香港之始，也是西方列強挾船堅砲利進行瓜分中國之始。從此香港走上一條跟大陸母體很不一樣之路。在英國統治下，管治體制（包括政治和法律制度）是英式殖民地的，統治階層以英國人為主體，少數華人買辦只能當中介，大多數華人居港作過客，華洋分離，二元統治，倫敦重視的是香港的遠東地緣戰略位置而非土地，從歷史看（尤其是戰後），香港乃一非典型的殖民地。

二戰後，大量中國人由內地湧入，又鑒於新中國成立後中共對香港實行「長期打算，充分利用」的政策，英殖政府才開始認真地把香港建設起來，包括在新界發展新市鎮。六七事件後，中共未有收回香港，十年文革做成國家莫大浩劫、社會紛亂，香港能獨處一隅，而港英亂後痛定思痛，七十年代大力進行行政和社會改革，施政及公務人員本地化，香港從此踏入所謂革新的黃金歲月，與內地之差異日大，內地成為「香港人」身份及文化構成的「他者」。今天不滿香港現狀的新生代港人，經常緬懷英治日子的風光，其實改革是七十年代才進行，尤其是八十年代中英談判後英方謀求光榮撤退才把香港政治鬆綁。

在歷史長河中，香港社會割離於中土，為期不過四分一個世紀。二戰前兩地來往自由，1948 年才開始入境管制；直至五十年代，英治下的香港華人大多心繫內地家鄉，視香港為暫居之地，言必「省港澳」，是文革巨變、港英政府逐步重視經營香港、強調其相對主體性，以及出現土生土長的新一代，才導致香港逐漸與內地分離，自行發展。七十年代末中共在鄧小平等務實派復出後，撥亂反正，實行改革開放，建立經濟特區，更以繁榮的香港為學習對象，港商乃首批參與內地經濟改革建設的外來投資

者。[1] 自此，香港逐漸回歸祖國軌道，香港的本土經濟藉內地改革開放而取得新的腹地和市場，且更上一台階，展示「背靠祖國、面向國際」的特有地緣優勢。

1997 年的政治回歸發生於一個頗為特殊的歷史時空。八十年代中起，隨着中英簽署聯合聲明，香港進入成為國家的特別行政區的過渡期，但那時候的香港已有了自己自成體系的制度和文化，在「一國兩制」下有異於內地，《基本法》也確立由港英法律定義承繼過來並加以擴大的「香港永久性居民」身份。從香港與內地關係而言，香港當時經濟實力強大，視其制度優於內地，但政治上要由原來英式統治，轉變為一個具東方色彩的政法秩序、及中共領導之黨國體制下的特區。如何融合而不失個性和特色，有賴於對「一國兩制」的創造性演繹及「你中有我、我中有你」的兼容性。

不少人，包括原有的本地建制和工商界精英，只停留於「一切不變」的迷思。他們不覺察，香港其實已踏進一個新的歷史旅程，須因應國家在改革開放及具中國特色的社會主義下，種種之前不可預料的政治、經濟和社會深層變化，包括當中的起伏和反覆、前進和倒退。他們很多仍受西方眼睛看中國的偏差影響，以簡單的二分思維（專制 vs. 自由、落後 vs. 先進）去左右其對國家的想像，因而愈發對融合抱有懷疑甚至抗拒，尤其是從少便以香港為中心、視西方為普世的年輕一代，這才令「國民身份認同」出現迷惘，引來內地的不解及中央的憂慮。此外，反右、文革和

---

1 八十年代內地的一個順口溜是「全國（改革）學廣東，廣東學深圳，深圳學香港」，又把港式廣東話視為「經濟語言」。

「六四」等的歷史陰影，仍籠罩着幾代港人對內地及中共的認知。

從中國與世界關係看，九十年代是蘇聯及東歐共產主義崩解、以美國為首的西方世界聲稱「歷史終結」、西方文明儼然成為普世價值之後，中國重新融入世界經濟的關鍵時代。中國在原有社會主義體制之上重建制度，引入一些西方思想與國際慣例。香港在中國與世界重新接軌的過程中，擔當特別的角色，當時內地仍在探索穩步改革的路徑，尚無固化範式，亦包容被視為可參照對象的香港模式。可惜回歸後的香港有點孤芳自賞，愈來愈內向及因循怕變，於是香港不進，內地卻大大超前。

西方國家原以為中國融入國際秩序便必然走西方的自由民主道路，因此才有近年押錯注於中國改革之說，美國尤感無法理解中國，因為它本身歷史很短，其立國基礎乃制度價值，對民族、歷史、文化和傳統的重要性欠缺敏感。但一個具幾千年文化根基和制度歷史遺產的東方大國（一些論者形容為「中原文化」、「天朝文化」），是不會如白紙一張全盤西化的，清末洋務改革的「中學為體、西學為用」不是這樣，就算日本的明治維新也不是。上世紀四十年代中共把蘇俄共產主義「中國化」、文革後鄧小平主張建設「有中國特色」的社會主義，某程度上乃「體用論」的延續。

到今天，中共認為，在中國特色社會主義的基礎上深化改革，已找到適合自己國情的方法，重拾所謂制度自信，追求中華復興的「中國夢」，若放在清末以來爭取國家擺脫外強控制、富國強兵的民族自救自強道路去解讀，是十分自然和必然的趨勢。習慣以西方過去二百年征服世界的文明觀和現代化論述的美英西方國家，缺乏以西方為中心以外的角度去解構當今之多元多極世界，犯的思維毛病一如他們一些人所批評封建王朝的中國視己為

中心、外國皆蠻夷一樣。誠然，作為新崛起的強國，中國可如何避免重蹈西方國家的覆轍，乃我們國人應時刻警惕自己，否則在國際上失道寡助。

回到「兩制」之間的張力，正如很多新生代港人在埋怨上一代接受《基本法》、自決派且罵傳統民主派當年「民主回歸」之路乃「賣港」一樣，現今也有內地人對香港在「一國兩制」下的例外不明所以，問為何小小的香港竟享有這麼多特殊待遇。愈是對香港回歸的歷史缺乏認識的內地官民，尤其年輕一代，愈難理解特區之「特」的源由；思想較極端者或許會問，如何準備 2047 年香港回歸「一國一制」？

唯有放置於歷史大環境格局下，去探索九七回歸二十多年來，在「一國兩制」下香港與內地之間的文化意識差異和制度矛盾衝突，才可有較全面的體會，不會簡單地訴諸「港人不愛國」、「港人受英殖荼毒太深」，或是「中共處心積累赤化香港」、「內地吞併自由香港」、「北京溫水煮蛙」等道理邏輯。無奈這麼多年，因為政改普選、國安立法、兩地融合、尊重制度差異等方面未有妥善處理，一些機會之窗未有好好利用，一些事件任由發酵成危機，致互信不斷下降，甚至由怨憤變成仇恨、爭拗變成聖戰式對決。本來不應不用如此發展。

2017 年，照原來 2007 年中央定下的政改路線圖和時間表，香港本可落實行政長官由普選產生，但 2014 年的「佔中」及泛民主派與中央的對抗，把這難得的機會之窗關閉上，政改重啟無期。林鄭月娥出任特首，曾一度令人憧憬可促進政治和解，惟開局良好的蜜月期不長，皆因基本的管治格局未變，致 2019 年一場修例風暴翻轉香港，危機變成政治災難。中央視香港失控、泛民叛

變，而西方國家與中國的關係，也陷入半世紀以來的最低谷，比
1989 年「六四」之後更甚。正如瓶子擲到地上碎了，就算把碎片
黏補起來，裂痕仍在，當下的香港也似一樣，返回不了過去。

　　隨着 2020 年 7 月港區國安法生效實施，再加上新冠疫情之
故，香港之前的動亂情況已基本上靜止下來，達到中央「止暴
制亂」的目標。而且，立法會換屆選舉延期、全國人大常委會
「11.11」決定導致四名泛民議員被取消資格、其餘十五名泛民議員
總辭後，實際上使泛民反對派撤出體制。2021 年 3 月，全國人大
決定對特區選舉制度作重大改動，政制路徑轉軌，今後政治板塊
將怎樣重整，泛民能否和會否再參與，「愛國者治港」的實際表現
為何，皆為緊繃的政局增添進一步的變數。

　　無論從任何一個角度去看，香港 2020 標誌大歷史的轉角。至
2020 年底，動亂已結束，但人心未穩，對特區政府仍高度不滿及
不信任，但對國家的觀感，部分因內地治疫表現佳而逐步改善。
當前挑戰在於如何修補社會裂痕、重建管治秩序。就此，視乎從
怎樣的剖析情景和現狀假設出發，會得出不同的應對之道。

　　概念上可以有兩種截然不同的剖析情景：一是香港基本因素
（fundamentals）未變，若果不是修例風波做成的折騰，仍可作調
整後大致沿原來軌道走下去；即原來的「一國兩制」路徑不用大
變，只需小變或一些中變，包括鄧小平的「愛國者」定義維持不
變、保留體制內反對派（亦即忠誠反對派）。另一是修例風波乃早
已潛在之內外矛盾總爆發，大局已變質，故須全面修正原來「一
國兩制」的設定，大變難免 ── 所以政治要變、經濟要變、行政
要變、立法要變、司法要變、教育要變，「愛國者」定義也要全面
收緊。

　　前者屬縱向歷史演進式分析，後者屬橫切式分析。在大策略的考量下，兩種情景可說皆有其一定程度上的現實依據，一切都屬相對性和對比性，關鍵在於對 2047 年的願景，究竟是前瞻「一國兩制」的延續還是終結。若視為由現在過渡至終結，固然是走向「一國一制」而轉型的部署，這必然是大變；但若欲「一國兩制」行穩致遠，超越 2047 年，也須在此關鍵時刻，以向前看的視野，進行重大創制和革新，而不再停留於 1997 年前「一切不變」的思維軌道。任何務實的改革，皆不能完全脫離現實基礎及路徑，改變路徑也不是由零開始，並切忌把嬰兒跟洗澡水一同倒掉，致一無所得或得不償失。

　　從本書的分析脈絡看，可見我是「一國兩制」的擁護者，因為我認為它既屬充滿想像和創意的模式，也是較合乎現實穩步發展所需的唯一選項，不作他想，但大前提是香港應進入「二次蛻變」。港人應全面反思今時今日香港的「強弱機危」、不卑不亢、不自我放棄，也不夜郎自大。香港歷史上的崛起，除了制度和天時地利外，靠的是其開放自由、吃在四方的 can do（或港式粵語「一定搞掂」）精神。回歸後「再度植根」中國，帶來必然陣痛，就像十月懷胎一樣，香港須有承受衝擊但維護上述精神面貌的準備及意志。獨守孤島的香港只是死路一條，香港的出路必須靠區域化（新加坡也是一樣），所以大灣區應視為凸顯而不必然是矮化香港角色的契機。

　　在國際上，香港的真正價值在於它是中國的一個「例外」之都，能產生內地城市因種種原因未能發揮的作用。當然若香港對國家的發展已失去作用，甚至構成對國家安全的威脅，中央不會介意香港淪為另一內地普通城市，但今天國家領導人仍然認為香

港有其不可代替的作用，中央仍珍惜香港的價值。「一國兩制」對國家整體發展有利，並非一時權宜，除非觸及國家底線、損害國家利益，否則應可跨越 2047 年。

歷史不斷在前進，變才是永恆。如何看中國 2047，決定了如何看香港 2047。今日中國，跟 1949 或 1979 年的中國比較，是另一個樣、另一番天地。我相信，三十年後的中國跟今天比較，變化會更大更令人矚目，而當中應有香港的份兒。2047 的所謂「一國兩制」大限，究竟是歷史的終結，還是見證「一國兩制」持續創新的新里程碑，既要看國家長遠的發展，也視乎香港能否發揮「國家所需，香港所長」的特殊作用，以及其制度和軟力量是否仍為世界所重視。

中國和世界均面對百年大局，美中關係大變，香港原來的一些特色不再，須尋求新突破、新特色，因此也應有新期許。目前去看，世界大局是「東方不敗、西方不倒」，東西方文明與制度既有競爭，也共存共融。在此新時期，香港究竟應如何定位於未來？悲觀論者無用答這問題，但安身立命於香港、不願見到香港沉淪的港人，以及愛護香港、珍惜香港特色的國人，均須積極思考，務實前進。今天努力，才會有明天的驕傲，命運是這樣形成的！

附錄一 │ 修例風波演變大事表（2019－2020 年）

按：此表旨在客觀羅列有助了解本書內容分析背景的大事，對事件不作詳述和評論。

2018 年

- 2 月，港男陳同佳與女友潘曉穎到台灣旅遊，期間將女友殺害，同月 17 日回港。
- 3 月 13 日，台灣警方尋獲潘曉穎遺體。同日，陳同佳因為盜用潘的提款卡提款，被港警逮捕，揭發事件。
- 12 月 3 日，台灣正式向陳同佳發出通緝令。

2019 年

- 2 月 12 日，特區政府就修訂《逃犯條例》和《刑事事宜相互法律協助條例》（修例）建議，正式諮詢市民意見。
- 3 月 4 日，修例的公眾諮詢期結束。大律師公會發表聲明，質疑修例建議會降低人身安全及人身自由。

- 3 月 26 日，保安局局長李家超公佈修例新修訂，剔除破產、證券期貨交易等九項罪行，又將移交逃犯門檻提升，只可處理可判監三年以上的罪行個案。多個商會表示歡迎。

- 3 月 31 日，民間人權陣線（民陣）發起第一次反修例遊行，稱有 1.2 萬人參加，警方指高峰期有 5,200 人。

- 4 月 3 日，立法會下午完成首讀修例草案。

- 4 月 17 日起，民主黨議員涂謹申以最資深委員身份，主持修例法案委員會選舉主席程序，惟泛民議員不斷提出問題拉布，經多次會議仍無結果。

- 4 月 28 日，民陣發起第二次反修例遊行，稱 13 萬人參加，警方指高峰期有 2.28 萬人。

- 5 月 6 日，法案委員會通過採納立法會內務委員會指引，撤銷涂謹申主持法案委員會的權力，由經民聯議員石禮謙取代。

- 5 月 11 日，立法會出現建制、泛民兩派各自召開修例法案委員會的鬧劇，造成多名議員衝突受傷。5 月 14 日，兩委員會再召開會議，沒有重演衝突。

- 5 月 20 日，保安局局長李家超表示立法會修例法案委員會職能已失效。

- 5 月 21 日，港府宣佈將於 6 月 12 日立法會大會恢復二讀。同日，國務院副總理韓正會見香港福建社團聯會訪京團時，表示中央完全支持特區政府修例。

- 5 月 30 日，保安局局長李家超再提出六項新修訂，包括移交罪行適用範圍由可判監逾三年的罪行，提高至可判監七年或以上；及透過政策聲明，說明政府只處理由內地最高人民檢察院提出的申請等。

- 6月9日，民陣發起遊行，抗議修例，稱有 103 萬人參加，警方指高峰期有 24 萬人。政府晚上宣佈 6 月 12 日如期二讀草案，其後，有示威者與警方在立法會綜合大樓、龍和道、告士打道一帶發生衝突。

- 6月12日，立法會擬恢復修例二讀辯論。凌晨時分起，大量示威者於立法會周圍集會及佔領街道，警方以胡椒球槍、催淚彈、布袋彈等還擊，並將暴力衝擊行為定性為「暴動」。

- 6月15日，林鄭月娥特首宣佈暫緩修例。同日，一名身穿寫有抗議字句雨衣的男子梁凌杰，在金鐘太古廣場四樓平台墮下，送院不治。

- 6月16日，民陣發起遊行，提出「五大訴求」（撤回修例、撤回暴動定性、撤控被捕者、成立獨立調查委員會、林鄭月娥下台），稱有 200 萬人參與，警方表示最高峰時在原定路線有 33.8 萬人。

- 6月21日，示威者佔領立法會示威區及金鐘夏慤道一帶，及後圍堵稅務大樓、入境事務大樓及警察總部。

- 6月30日，由立法會建制派議員何君堯發起的「630 撐警察，保法治，護安寧」集會在金鐘添馬公園舉行，大會稱有 16.5 萬人出席，警方稱最高峰有 5.3 萬人。

- 7月1日，民陣發起「七一」大遊行，稱有 55 萬人參與，警方表示最高峰時有 19 萬人。至下午，有示威者衝擊立法會大樓，晚上 9 時，逾百名示威者終衝入大樓，進佔立法會，在會議廳內以噴漆噴黑特區區徽上洋紫荊圖案及「中華人民共和國」字樣。深夜警方清場。

- 7月2日凌晨 4 時，特首林鄭月娥就「七一」立法會衝擊事件會

見記者，強調對違法行為「必定會追究到底」。國務院港澳辦發言人表示事件是對「一國兩制」底線的公然挑戰，堅決支持特區政府及警方依法追究暴力犯罪者的刑事責任。

- 7 月 14 日，有市民發起沙田區大遊行，晚上示威者集結在新城市廣場一帶與警方發生流血衝突。

- 7 月 20 日，建制派舉行「守護香港」集會，提出「反暴力、撐警察」、「反撕裂、保安寧」、「反衝擊、保經濟」及「守護香港、全民加油」。

- 7 月 21 日，民陣在港島區舉行反修例大遊行，示威者包圍中聯辦，並於門前毀損國徽。晚上，大批白衣人在元朗西鐵站內收費區及月台等地點，被指襲擊一些乘客及記者，有人指責警員在報案後太遲到達。

- 7 月 22 日，政府在凌晨發表聲明，譴責 7 月 21 日的港島遊行及元朗襲擊，表示不能容忍任何暴力行為。

- 7 月 26 日，示威者發起第一次佔領機場行動。

- 7 月 29 日，國務院新聞辦公室舉行新聞發佈會，港澳辦新聞發言人對香港當前局勢表明三點意見：希望香港社會各界人士旗幟鮮明地反對和抵制暴力；希望香港社會各界人士堅決守護法治；希望香港社會盡快走出政治紛爭，集中精力發展經濟、改善民生。

- 8 月 1 日，警方在沙田火炭一工廠大廈檢獲一批武器，包括頭盔、弓箭等，並拘捕七男一女，包括香港民族黨前召集人陳浩天。

- 8 月 2 日，晚上有數萬人參加於遮打花園發起的公務員集會。政府發出聲明，表示絕不接受任何衝擊公務員政治中立原則的行為。

- 8 月 5 日，有人發起「全港三罷」行動（罷工、罷市、罷課），在全港多區集會，並堵塞主要幹道，亦有航班因航空業員工罷工而取消。警方嚴厲譴責激進示威者暴力不斷升級，在全港多處堵路、縱火、向警署投擲磚頭硬物。

- 8 月 6 日，國務院港澳辦發言人表示，擺在所有香港市民面前的急迫任務，就是「止暴制亂、恢復秩序」。

- 8 月 7 日，國務院港澳辦主任張曉明表示，如果局勢進一步惡化，出現特區政府不能控制的動亂，中央絕不會坐視不管，並強調香港當前形勢帶有明顯的「顏色革命」特徵。

- 8 月 9－11 日，有網民發起一連三日於機場離境大堂集會，向外國旅客反映訴求；多個民航工會認為黑衣人以機場作賭注要挾政府，損害香港國際形象及工人生計，要求立即停止集會。有市民將示威模式由集中遊行改為分區集會，如大埔、沙田、尖沙咀等地。

- 8 月 12 日，上萬人響應網上號召，在機場離境大堂發起「警察還眼」集會，離境大堂入閘口已坐滿黑衣人，登機櫃位關閉，機場一帶交通擠塞，機場管理局（機管局）取消所有餘下航班。

- 8 月 13 日，機場集會持續，全日共有逾四百航班要取消。其間，《環球時報》記者付國豪因被發現有一件「我愛警察」T 恤而被黑衣人綑綁並毆打禁錮。國務院港澳辦發言人楊光批評，極端示威者「喪心病狂」攻擊警察，已構成嚴重暴力犯罪，並「開始出現恐怖主義苗頭」。同日，機管局向法庭申請臨時禁制令，翌日生效，禁止任何人在機場範圍內非法阻礙或干擾機場運作，

- 8 月 16 日，有人發起在中環舉行「英美港盟主權在民集會」，促請英國政府宣佈中國單方面違反《中英聯合聲明》，及美國通過《香港人權與民主法案》。

- 8 月 24 日，林鄭月娥特首邀請希望解開社會困局的「有心人」，到禮賓府分享有關搭建對話平台的想法。

- 8 月 26 日，家庭與學校合作事宜委員會及全港十五區家長教師會聯會發表聯署聲明，呼籲家長提醒孩子須具備和平、友愛、互相尊重及同理心，學校必須有效預防任何欺凌事件出現。

- 8 月 31 日，晚上，港鐵太子站有乘客與黑衣人在車廂內發生衝突。警隊速龍小隊進入車站處理事件，並要求所有急救員和記者離開太子站，有人認為站內有市民死亡，在太子站外擺放白花，悼念死者，並稱之為「8.31 事件」。

- 9 月 4 日，林鄭月娥特首提出四項行動回應公眾，包括正式撤回修例草案、邀請海外專家並委任兩位新成員加入監警會、特首和所有司局長由該月起走入社區與市民對話，以及邀請社會領袖、專家和學者，就社會深層次問題進行獨立研究及檢討，向政府提出建議。

- 9 月 17 - 18 日，香港眾志黃之鋒、藝人何韻詩等人出席美國國會聽證會，促請美國通過《香港人權與民主法案》。

- 9 月 26 日，林鄭月娥特首舉行第一場「社區對話」，約 150 人出席，並以隨機方式抽取 30 人發言。在對話結束前，有人用雜物堵塞林鄭月娥離開會場的主要通道，亦有參與對話的人在網上被起底。

- 9 月 28 日，民陣舉行金鐘添馬公園集會，紀念 2014 年雨傘運動五周年，集會結束後有示威者包圍政府總部，其後警方出動水炮車驅散。

- 10 月 1 日，民陣發起遊行，警方發出反對通知書，但示威者仍

在多區抗議，其間警方以實彈回應襲擊。並表示全港多區有暴力示威者堵塞馬路及投擲汽油彈。

- 10 月 4 日，林鄭月娥特首會同行政會議，決定引用《緊急情況規例條例》訂立《禁止蒙面規例》，10 月 5 日零時生效。規例頒佈後，同日，香港各區出現激烈示威騷動和暴力衝突，導致多間商店臨時停業、港鐵宣佈停駛。

- 10 月 13 日，正在尼泊爾訪問的國家主席習近平表示，任何分裂中國的企圖都是癡心妄想，任何人在中國搞分裂，結果只能是粉身碎骨。

- 10 月 14 日，法庭頒佈臨時禁制令，禁制任何人士針對紀律部隊宿舍及已婚警察宿舍的破壞行為。

- 10 月 20 日，民陣申請九龍區遊行，未獲不反對通知書，但自發遊行，警方出動水炮車驅散人群，其間以藍色水射向尖沙咀清真寺，被批評不尊重宗教建築物。翌日，林鄭月娥特首與警務處處長盧偉聰到訪清真寺，對警方行動造成的影響致歉。

- 10 月 23 日，保安局局長李家超在立法會大會上正式宣佈撤回修例。同日，台灣殺人案疑兇陳同佳刑滿出獄，但未有啟程到台灣自首的計劃。

- 10 月 31 日，中共十九屆四中全會公報，表示必須在「一國兩制」下，依照憲法和《基本法》對香港和澳門特區實行管治，絕不容忍任何挑戰「一國兩制」底線的行為，絕不容忍任何分裂國家的行為。首次提到要「建立健全特別行政區維護國家安全的法律制度和執行機制」。

- 11 月 3 日，凌晨時份，將軍澳發生警民衝突，香港科技大學學生周梓樂在停車場二樓墮下，情況危殆。當晚警方與示威者對

峙，並發射催淚彈，科大學生其後集會，要求徹查墜樓真相。11月 8 日，周梓樂不治。

- 11 月 10 日，監警會國際專家小組成員發表聲明，認為監警會的權力及調查能力不足以應付近期的事件，建議由獨立機構進行調查。

- 11 月 11 日，有人發起「黎明行動」，呼籲市民參與「大三罷」（罷工、罷課及罷市），清晨起在多區開始堵路，企圖癱瘓交通，隨後全港多區亦爆發衝突。在中文大學，示威者在中大 2 號橋上向吐露港公路投擲雜物，企圖堵塞交通，防暴警察到場處理，出現警民對峙，直至 11 月 15 日。也有示威者佔領理工大學及接駁理大的天橋，向紅隧投擲雜物。教育局宣佈，全港學校 11 月 14 日至 17 日停課。

- 11 月 14 日，國家主席習近平就當前香港局勢表明中國政府嚴正立場，指出止暴制亂、恢復秩序是香港當前最緊迫的任務，並將繼續堅定支持行政長官帶領香港特區政府依法施政，堅定支持香港警方嚴正執法，堅定支持香港司法機構依法懲治暴力犯罪份子。

- 11 月 15 日，九所大學校長發出聯合聲明，指當前的社會紛爭，已令大學校園成為政治角力的場所，期望政府聯合社會各界化解政治僵局，呼籲社會各界共同努力，將和平與秩序帶回香港。

- 11 月 17 日，理大校園衝突升級。有市民在理大附近清理路障，與示威者衝突，防暴警察介入處理，警方以催淚彈、水炮車及銳武裝甲車向理大方向推進，示威者形成防線，雙方持續對峙，同時警方亦封鎖理大出入口，呼籲所有在理大校園內人士，以指定的出口離開。部分示威者逗留理大校園。

- 11 月 18 日，警方持續施放催淚彈驅散理大及尖沙咀一帶群眾。五位大學校長呼籲各方克制，請理大各人士盡快離開。立法會前主席曾鈺成、理大校董會主席林大輝及一批中學校長深夜進入理大校園，籲留守人士和平離開。
- 11 月 19 日，美國參議院一致通過《香港人權與民主法案》。11 月 27 日，美國總統特朗普正式簽署。
- 11 月 24 日，區議會換屆選舉，投票率破歷屆紀錄，達 71.2%，泛民主派及自決派（包括大批「素人」）於選舉中取得全港 87% 區議會議席，但得票比率只為 57%，約 167 萬票，而建制派獲得約 121 萬票。
- 12 月 16 日，國家主席習近平和國務院總理李克強分別接見上京述職的特首林鄭月娥。習近平形容過去一年是香港回歸以來最嚴峻複雜的一年，評價林鄭月娥在非常時期顯示出勇氣和擔當，中央充分肯定，並說堅定支持她帶領特區政府依法施政、支持香港警方嚴正執法。
- 12 月 25 日，有人在聖誕節日期間發起多區抗議，又有激進示威者在彌敦道堵路並縱火。

2020 年

- 1 月 4 日，國務院免去王志民的香港中聯辦主任職務，任命前山西省委書記駱惠寧接任。
- 1 月 19 日，民間集會團隊在中環遮打花園發起「天下制裁」集會，呼籲外國政府制裁香港，迫使政府重啟政改。
- 2 月 13 日，國務院宣佈，全國政協副主席兼秘書長夏寶龍出任

國務院港澳辦主任，原主任張曉明改任分管日常工作的常務副主任，香港、澳門的中聯辦主任駱惠寧、傅自應兼任港澳辦副主任。

- 2 月 28 日，「壹傳媒」創辦人黎智英、民主黨前主席楊森、工黨副主席李卓人同遭警方上門拘捕，三人各被控去年 8 月 31 日於灣仔至中環「明知而參與未經批准集結」罪。

- 3 月 29 日，因新型冠狀病毒疫情影響，限聚令正式生效，禁止多於四人在公眾地方聚集。

- 4 月 9 日，高等法院上訴庭裁定，政府一方在緊急法方面上訴得直，即政府在「危害公安」情況下，引用緊急法屬合憲。

- 4 月 17 日，中聯辦在批評立法會議員郭榮鏗主持立法會內務委員會選舉主席的拖延手法，以及稱「反對派」要為反對政府抗疫基金行為「埋單」後，在網站刊文稱，國務院港澳辦和中聯辦（兩辦）不是《基本法》第 22 條所指一般意義的「中央人民政府所屬各部門」，故有權就立法會事務等發聲及行使監督權。

- 5 月 5 日，由現任全國政協副主席的前特首董建華和梁振英牽頭的「香港再出發大聯盟」正式成立，在共同宣言中呼籲港人堅守「一國兩制」、重振經濟、守護法治以及團結各界。

- 5 月 15 日，監警會公佈反修例示威的審視報告，提及 2019 年 6 月 9 日首次大遊行、6 月 12 日金鐘清場行動、7 月 1 日示威者佔領立法會大樓、7 月 21 日元朗襲擊事件及 8 月 31 日太子站事件等。

- 5 月 28 日，第十三屆全國人大第三次會議在閉幕會議通過有關制定香港《國家安全法》的決定。總理李克強在全國人大閉幕後

記者會上表示，國安法立法是為了確保「一國兩制」行穩致遠，維護香港長期繁榮穩定。

- 5 月 30 日，美國總統特朗普批評《港區國安法》違背《中英聯合聲明》，指示其政府開始廢除華府多年來給予香港的差別及特殊待遇。

- 6 月 3 日，英國首相約翰遜表示，要是中國頒佈其國家安全法律，英國政府將允許任何來自香港、持有英國國民（海外）護照（即 BNO）之人士，在英國逗留 12 個月，且可續期，並給予更多入境權限，包括工作權，而這將讓他們踏上獲取公民權之路。

- 6 月 8 日，國務院港澳辦常務副主任張曉明強調，《港區國安法》不會擴大打擊面、羅織罪名或任意入罪，只會針對港獨、黑暴和「攬炒」勢力等極少數人；又稱在港設立的中央維護國家安全的有關機關，「會充分尊重香港的司法權和終審權」。

- 6 月 26 日，美國參議院一致通過《香港自治法案》。

- 6 月 30 日，全國人大常委會通過《港區國家安全法》。港區國安法分六章、共六十六項條文，列出「分裂國家罪」、「顛覆國家政權罪」、「恐怖活動罪」，以及「勾結外國或者境外勢力危害國家安全罪」四類罪行和刑責。干犯此等罪行情節最嚴重者，可判處無期徒刑或十年以上有期徒刑。

- 7 月 2 日，港府發表聲明：「光復香港、時代革命」口號在今時今日，是有港獨、或將香港特區從中華人民共和國分離出去、改變特區的法律地位、或顛覆國家政權的含意。

- 7 月 3 日，國務院公佈任命：中聯辦主任駱惠寧兼任港區國家安全事務顧問，廣東省委常委鄭雁雄出任中央駐港維護國家安全公

署署長。

- 7 月 6 日，特區政府維護國家安全委員會舉行首次會議後，刊憲公佈《港區國安法第 43 條實施細則》，列明在特殊如緊急情況下，助理處長級或以上警務人員可授權，毋須手令進入有關地方搜證。特首會審批截取通訊及秘密監察，若遇上「緊急情況」，警務處處長可「口頭」批准警員截聽或監控，毋須特首預先批示。

- 7 月 14 日，美國總統特朗普簽署《香港自治法案》，並簽署行政命令，終止香港的特殊待遇。

- 7 月 29 日，警隊國家安全處拘捕數名「學生動源」成員，強調任何人在海外聲稱作分裂國家的行為，警方都有管轄權進行調查。

- 7 月 30 日，已報名參選 9 月立法會選舉的公民黨楊岳橋、郭家麒、郭榮鏗、鄭達鴻，爭取連任的會計界梁繼昌，以及黃之鋒、岑敖暉、鄭錦滿、袁嘉蔚和劉頴匡等共十二人，被選舉主任裁定提名無效，其中四人為競逐連任的參選人。

- 7 月 31 日，政府宣佈，鑑於疫情嚴峻，為了保障公共安全和市民健康，並確保選舉在公開、公平情況下進行，行政長官會同行政會議已決定將原定於 2020 年 9 月 6 日舉行的立法會換屆選舉押後一年至 2021 年 9 月 5 日舉行。

- 8 月 7 日，美國財政部公佈，對十一名中國和香港特區官員實施制裁，指他們破壞香港自治，及限制香港公民的言論及結社自由。制裁名單包括國務院澳辦主任夏寶龍、常務副主任張曉明、中聯辦主任駱惠寧、中央駐港維護國家安全公署署長鄭雁雄、行政長官林鄭月娥等。

- 8 月 11 日，繼特區政府宣佈押後立法會選舉後，全國人大常委

會一致通過，現任第六屆立法會全體議員延任「不少於一年」，直至第七屆立法會任期開始為止。

- 8月23日，十二名港人於香港東南方水域被廣東省海警以「非法入境」罪名拘捕。

- 11月11日，全國人大常委會通過決定：若立法會議員因宣揚或者支持「港獨」主張、拒絕承認國家對香港擁有並行使主權、尋求外國或者境外勢力干預香港特區事務，或者具有其他危害國家安全等行為，不符合擁護中華人民共和國香港特別行政區基本法、效忠中華人民共和國香港特別行政區的法定要求和條件，一經依法認定，即時喪失立法會議員的資格。決定適用於在原定於2020年9月6日舉行的特區第七屆立法會選舉提名期間，因上述情形被特區依法裁定提名無效的第六屆立法會議員。特區政府隨即宣佈，根據上述決定，楊岳橋、郭榮鏗、郭家麒及梁繼昌四人即時喪失立法會議員資格。其餘十五名民主派議員宣佈會總辭，熱血公民議員鄭松泰和醫學界議員陳沛然表示會留任。

- 12月7日，美國國務院宣佈，對全國人大常委會的十四名副委員長進行制裁，懲罰他們早前在常委會決議剝奪香港立法會四位民主派議員的資格所起的作用。

- 12月8日，警方拘捕最少八名民主派成員，包括民主黨時任主席胡志偉、社民連副主席梁國雄等，涉嫌「煽惑他人明知而參與未經批准集結」、「舉行或組織未經批准集結」及「明知而參與未經批准集結」等罪名。

- 12月29日，十二港人偷渡案其中十人，在深圳被判囚七個月到三年不等，兩名被捕時未成年者不起訴。

附錄二 | *2019－2020* 年作者曾在香港《信報》和《明報》發表的相關文章

- 〈對時局的反思〉,《信報》,2019 年 6 月 17 日。
- 〈香港從此不應再一樣〉,《信報》,2019 年 7 月 8 日。
- 〈如何走出深層次管治危機〉,《明報》,2019 年 7 月 15 日。
- 〈等待黎明:劫後能否重生? —— 再思走出危機〉,《明報》,2019 年 7 月 29 日。
- 〈走出殘局 才能覓出路〉,《明報》,2019 年 8 月 28 日。
- 〈香港出了什麼問題?〉,《明報》,2019 年 9 月 4 日。
- 〈「一國兩制」的將來:仍是借來的時間?〉,《明報》,2019 年 9 月 11 日。
- 〈再評時局 —— 香港要作出時代抉擇,避免沉淪下去〉,《明報》,2019 年 10 月 22 日。
- 〈爭奪香港之戰?〉,《明報》,2019 年 12 月 3 日。
- 〈新病毒在散播、管治失效之病也在風土化〉,《明報》,2020 年 2 月 4 日。
- 〈基本法頒布 30 周年:大疫下沉思「一國兩制」如何走下去〉,《明報》,2020 年 4 月 7 日。
- 〈修例風波如何一石激起千重浪〉,《明報》,2020 年 6 月 2 日。

- 〈國安法下「二次過渡」不等於「二次回歸」〉，《明報》，2020年7月14日。
- 〈在死局和虛局之間，尋求政治重建的第三條路〉，《明報》，2020年8月12日。
- 〈白馬非馬：三權分立、行政主導之爭〉，《明報》，2020年9月15日。
- 〈中國還需要一個例外的香港嗎？〉，《明報》，2020年10月13日。
- 〈泛民總辭：是進是退？〉，《明報》，2020年11月17日。

責任編輯　黎耀強

裝幀設計　黃希欣

排　　版　Sands Design Workshop

印　　務　劉漢舉　楊舜君

二次過渡 ——
香港 2020 政局反思：危機與前路

張炳良　著

出版　　中華書局（香港）有限公司

香港北角英皇道 499 號北角工業大廈 1 樓 B

電話：（852）2137 2338　　傳真：（852）2713 8202

電子郵件：info@chunghwabook.com.hk

網址：http://www.chunghwabook.com.hk

發行　　香港聯合書刊物流有限公司

香港新界荃灣德士古道 220-248 號

荃灣工業中心 16 樓

電話：（852）2150 2100　　傳真：（852）2407 3062

電子郵件：info@suplogistics.com.hk

印刷　　美雅印刷製本有限公司

香港觀塘榮業街 6 號海濱工業大廈 4 樓 A 室

版次　　2021 年 7 月初版

© 2021 中華書局（香港）有限公司

規格　　16 開（230mm×170mm）

ISBN　　978-988-8759-52-1